Clever

Das alte
Ägypten

London, New York, Melbourne,
München und Delhi

DK Delhi
Projektbetreuung Virien Chopra
Bildredaktion Vikas Chauhan, Pooja Pawwar,
Govind Mittal, Romi Chakraborty
Lektorat Samira Sood
Redaktionsassistenz Jubbi Francis
DTP-Design Arvind Kumar, Jaypal Singh Chauhan
Bildrecherche Sumedha Chopra
Cheflektorat Saloni Talwar
CTS-Manager Balwant Singh
Herstellung Pankaj Sharma

DK London
Lektorat Rob Houston
Bildredaktion Philip Letsu
Umschlaggestaltung Manisha Majithia, Laura Brim,
Amanda Lunn
Herstellung Rebekah Parsons-King, Mary Slater
Cheflektorat Andrew Macintyre
Programmmanager Liz Wheeler
Art Director Phil Ormerod
Programmleitung Jonathan Metcalf

Fachliche Beratung John Haywood

Tall Tree Ltd
Redaktion Rob Colson, Joe Fullman, Jon Richards
Gestaltung Ed Simkins

Für die deutsche Ausgabe:
Programmleitung Monika Schlitzer
Redaktionsleitung Martina Glöde
Projektbetreuung Corinna Hartung
Herstellungsleitung Dorothee Whittaker
Herstellungskoordination Katharina Dürmeier
Herstellung und Reihengestaltung Anna Ponton

Bibliografische Information der Deutschen Bibliothek
Die Deutsche Bibliothek verzeichnet diese Publikation in der
Deutschen Nationalbibliografie; detaillierte bibliografische Daten
sind im Internet über http://dnb.ddb.de abrufbar.

Titel der englischen Originalausgabe:
Pocket Eyewitness Ancient Egypt

© Dorling Kindersley Limited, London, 2012
Ein Unternehmen der Penguin-Gruppe

© der deutschsprachigen Ausgabe by
Dorling Kindersley Verlag GmbH, München, 2014
Alle deutschsprachigen Rechte vorbehalten

Übersetzung Karin Hofmann
Lektorat Angelika Sust

ISBN 978-3-8310-2490-2

Printed and bound in China

Besuchen Sie uns im Internet
www.dorlingkindersley.de

INHALT

- 4 Der Nil
- 6 Altägyptische Geschichte
- 10 Schrift
- 12 Kriegsführung

16 DIE ALTEN ÄGYPTER

- 18 Der Königshof
- 20 Könige und Adlige

40 GRÄBER UND MONUMENTE

- 42 Bau einer Pyramide
- 44 Pyramiden
- 54 Gräber
- 62 Grabschätze
- 68 Monumente

74 RELIGION

- 76 Mythologie
- 78 Priester und Rituale
- 80 Mumien und das Jenseits
- 82 Götter und Göttinnen
- 98 Tempel
- 106 Heilige Artefakte

112 ALLTAGSLEBEN

- 114 Alltag
- 116 Häusliches Leben
- 118 Kleidung und Stoff
- 120 Spiele und Spielzeug
- 124 Musik
- 126 Jagd und Fischfang
- 128 Ackerbau
- 132 Boote
- 134 Magie und Medizin
- 136 Werkzeuge
- 138 Schmuck
- 140 Kosmetik

- 144 Faszinierende Fakten
- 146 Ägypten auf einen Blick
- 148 Hieroglyphen
- 150 Glossar
- 152 Register
- 155 Dank und Bildnachweis

Größenvergleich
Dieses Buch enthält Profile ägyptischer Bauwerke, Monumente und Artefakte mit maßstabsgerechten Zeichnungen zum Größenvergleich.

304,8 m   1,8 m   15 cm

Geo-Position
Der Ort eines Tempels ist als roter Punkt auf der Landkarte angegeben.

Goldarmband von Scheschonk II.

Der Nil

Seit 5000 Jahren ist der Nil der Mittelpunkt des ägyptischen Lebens und die wichtigste Wasserquelle dieser Wüstenregion. Die altägyptischen Städte und Monumente auf dieser Karte wurden alle an den Ufern des Flusses erbaut.

Heliopolis ist eine der ältesten Städte des alten Ägyptens. Viele Götter wurden hier verehrt.

Die drei Pyramiden von Giseh sind Teil einer Anlage, zu der auch die Sphinx, sieben „Königinnenpyramiden", mehrere Tempelruinen und viele Gräber gehören.

Mittelmeer
Alexandria
Bubastis
Heliopolis
Kairo
Memphis
Giseh
Sakkara
UNTER-ÄGYPTEN
Meidum
Herakleopolis
Beni Hasan
Achet-Aton (Amarna)
Hermopolis
Sahara
Rotes Meer
Halbinsel Sinai

EINLEITUNG

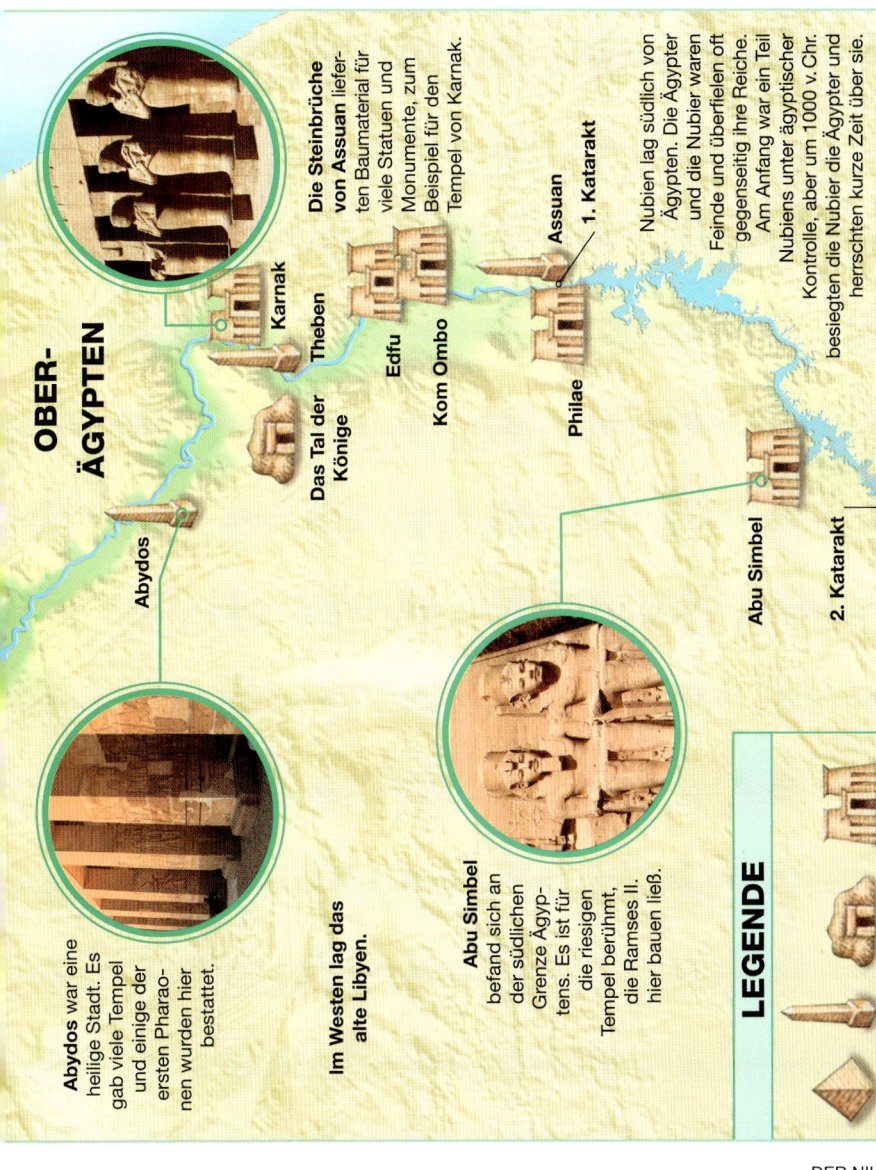

OBER-ÄGYPTEN

Abydos war eine heilige Stadt. Es gab viele Tempel und einige der ersten Pharaonen wurden hier bestattet.

Im Westen lag das alte Libyen.

Die Steinbrüche von Assuan lieferten Baumaterial für viele Statuen und Monumente, zum Beispiel für den Tempel von Karnak.

Karnak

Theben

Das Tal der Könige

Edfu

Kom Ombo

Assuan

1. Katarakt

Philae

Abu Simbel befand sich an der südlichen Grenze Ägyptens. Es ist für die riesigen Tempel berühmt, die Ramses II. hier bauen ließ.

Abu Simbel

2. Katarakt

Nubien lag südlich von Ägypten. Die Ägypter und die Nubier waren Feinde und überfielen oft gegenseitig ihre Reiche. Am Anfang war ein Teil Nubiens unter ägyptischer Kontrolle, aber um 1000 v. Chr. besiegten die Nubier die Ägypter und herrschten kurze Zeit über sie.

LEGENDE

Pyramide Stadt Grab Tempel

DER NIL | 5

Altägyptische Geschichte

Das „alte Ägypten" meint ungefähr die Zeit von 3500 v. Chr. bis 30 v. Chr., als Ägypten von Pharaonen regiert wurde. Historiker unterteilen diese Zeitspanne in drei große Blütezeiten – das Alte, das Mittlere und das Neue Reich. Die Phasen dazwischen und danach waren Epochen des Umbruchs und der Unruhen.

Prädynastische Zeit

Etwa ab 5000 v. Chr. trieben die Menschen im Niltal Ackerbau. Sie gründeten Siedlungen in der Nähe ihrer Felder, aus denen allmählich die Reiche Ober- und Unterägypten entstanden.

Palette in Form eines Widders zum Mahlen von Gesichtspuder

3500 v. Chr.	3250 v. Chr.	3000 v. Chr.	2750 v. Chr.
Prädynastische Zeit		Frühdynastische Zeit	

Frühdynastische Zeit

Um 3100 v. Chr. wurden Ober- und Unterägypten gemeinsam regiert. Hor-Aha war der erste Herrscher der 1. Dynastie. Auf diesem Wandbild trägt der Falkengott Horus eine Doppelkrone (Pschent). Sie ist das Symbol des vereinten Ägyptens.

Modellfigur eines Bierbrauers, um 2160 v. Chr.

Erste Zwischenzeit

In dieser Epoche war die Macht aufgeteilt zwischen der 9. und 10. Dynastie, die Unterägypten von Herakleopolis aus regierte, und der 11. Dynastie, die Oberägypten von Theben aus regierte.

Mittleres Reich

2055 v. Chr. wurde Ägypten von Mentuhotep, einem Pharao der 11. Dynastie, wiedervereint. Er begründete das Mittlere Reich. Die Herrscher in dieser Epoche dehnten die Grenzen Ägyptens nach Libyen und Nubien aus. In der Kunst wurden nun auch einfache Leute dargestellt, wie diese Statue hier beweist.

2500 v. Chr.	2250 v. Chr.	2000 v. Chr.	1750 v. Chr.
Altes Reich	**Erste Zwischenzeit**	**Mittleres Reich**	

Altes Reich

Im Alten Reich, das auch „Zeit der Pyramiden" genannt wird, entstanden viele der größten altägyptischen Monumente, wie die Pyramiden von Giseh und die Sphinx. Ägypten wurde in dieser Epoche ein mächtiges und blühendes Reich. Das Alte Reich endete um 2160 v. Chr. Danach wurde Ägypten wieder in Ober- und Unterägypten aufgeteilt.

Pyramiden von Giseh

Zweite Zwischenzeit

In dieser Epoche wurde Ägypten von den Hyksos erobert, einem asiatischen Volk, das die 15. und 16. Dynastie gründete. Die Hyksos wurden vom Pharao der 17. Dynastie, Sekenenre Taa, und seinen Söhnen, Ahmose und Kamose, besiegt.

Modellboot als Geschenk für Kamose, um 1550 v. Chr.

Nubische Pyramide, um 700–300 v. Chr. erbaut

1750 v. Chr.	1500 v. Chr.	1250 v. Chr.	1000 v. Chr.
Zweite Zwischenzeit	Neues Reich		Dritte Zwischenzeit

Neues Reich

Das Neue Reich dauerte von 1550–1086 v. Chr. und gilt als die großartigste Epoche der altägyptischen Geschichte. Starke Herrscher wie Ahmose I. und Thutmosis III. vergrößerten das Reich nach Nubien, Libyen und in den Mittleren Osten. Die Pharaonen, allen voran Ramses II., ließen in dieser Zeit viele Tempel und Monumente errichten.

Pektorale von Ramses II., um 1200 v. Chr.

Dritte Zwischenzeit

Während dieser 400 Jahre andauernden Epoche wurde Ägypten zuerst von den Libyern erobert, die die 22. Dynastie gründeten, dann von den Nubiern, die die 25. Dynastie bildeten.

Ptolemäerzeit

Nach dem Tod von Alexander dem Großen herrschte Ptolemaios I. Soter und begründete die griechisch-ptolemäische Dynastie. Kleopatra VII., die letzte Herrscherin von Ägypten, unternahm alles, damit ihr Reich nicht in die Hände der Römer fiel, die das Land ständig bedrohten.

Kleopatra VII. wurde nach altägyptischer Tradition oft als Mann dargestellt.

| 750 v. Chr. | 500 v. Chr. | 250 v. Chr. | 1 n. Chr. |

Spätzeit — **Ptolemäerzeit**

Spätzeit

Die Spätzeit lag zwischen der Dritten Zwischenzeit und der Griechischen Herrschaft. Die nubischen Pharaonen wurden von den Assyrern besiegt. Diese waren an der Macht, bis ägyptische Pharaonen die 26. Dynastie gründeten. 525 v. Chr. wurde Ägypten von den Persern erobert und die 27. Dynastie begann. Vier weitere Dynastien später fiel Ägypten an Alexander den Großen, König von Makedonien und Griechenland.

Nach Kleopatras Tod 30 v. Chr. wurde Ägypten von mehreren fremden Mächten beherrscht. Erst 1922 wurde es zur Republik und damit wieder unabhängig.

Statue von Alexander dem Großen

Schrift

Lesen und Schreiben waren im alten Ägypten bedeutende Fähigkeiten. Professionelle Schreiber gehörten zu den wenigen, die diese Künste beherrschten. Deshalb waren sie in der Gesellschaft hoch angesehen. Oft waren sie Ratgeber der Pharaonen.

Schreibwerkzeug

Die alten Ägypter schrieben nicht auf Papier, sondern auf Papyrus. Er wurde aus Schilfpflanzen hergestellt, die am Ufer des Nils wuchsen. Dafür schnitt man die Stängel in dünne Streifen und presste diese zu einem Blatt zusammen. Auch die Schreibpinsel wurden aus Schilf gefertigt.

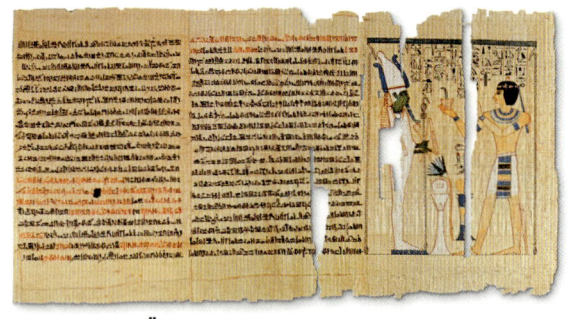

Ägyptische Schrift auf Papyrus

Mulde für **Tinte**   **Holzpalette** zum Halten der Pinsel   **Schilfpinsel**

Schreibpalette aus Holz

Die Hieroglyphen waren eine Schrift, bei der Laute, Dinge und Ideen durch Bilder dargestellt wurden.

Die demotische Schrift war etwas einfacher als die Hieroglyphenschrift. Sie wurde vor allem für den alltäglichen Schriftverkehr benutzt.

Die griechische Schrift war in der Ptolemäerzeit beliebt. Sie ist die Quelle viele moderner Alphabete.

Stein von Rosette

Die Ägypter benutzten die Hieroglyphenschrift für offizielle Anlässe und die demotische Schrift im Alltag. Aber fast 1500 Jahre lang wusste niemand mehr, wie man diese Schriften lesen konnte. Dann wurde 1799 der Stein von Rosette gefunden, auf dem derselbe Text in drei verschiedenen Schriften stand: in Hieroglyphen, in demotischer und in griechischer Schrift. Die Archäologen konnten das Griechische lesen und so die zwei anderen Schriften entziffern und übersetzen.

Kriegsführung

Kriege wurden im alten Ägypten nur zur Landgewinnung ausgetragen. Thutmosis III. wollte die Grenzen Ägyptens nach Nubien ausdehnen, während andere Pharaonen versuchten, das Land vor Eindringlingen, wie den Hyksos und den Hethitern, zu schützen.

Speerträger-Figuren aus der 11.–12. Dynastie, 2040–1780 v. Chr.

Soldaten

Im Alten Reich wurden Soldaten nur dann rekrutiert, wenn ein Krieg ausbrach. Zur Zeit des Neuen Reichs jedoch besaß Ägypten eine Armee aus Berufssoldaten, darunter Speerträger, Bogenschützen und Wagenlenker.

Streitwagen

Als die Hyksos im 15. Jahrhundert v. Chr. in Ägypten einfielen, hatten sie von Pferden gezogene Streitwagen dabei. Die Ägypter sahen, wie schnell sich diese im Kampf bewegten, und übernahmen die Idee für ihr eigenes Heer.

Axt mit kurzer Klinge

Waffen

Ägyptische Soldaten kämpften mit Schwertern, Speeren und Pfeil und Bogen. Im Kampf Mann-gegen-Mann wurden Äxte und Schwerter eingesetzt. Speere sowie Pfeil und Bogen konnten Fußsoldaten (Infanterie) und Wagenlenker benutzen.

Medaille

Kämpfte ein Soldat gut in der Schlacht, erhielt er Medaillen, die wie Fliegen geformt waren und um den Hals getragen wurden. Sie waren der Beweis, dass er den Feind mehrmals „gestochen" hatte.

Axt mit langer Klinge

Kurzschwert

Tutanchamun auf einem Streitwagen

KRIEGSFÜHRUNG | **13**

Die Nubier wurden von den Ägyptern zuerst als Zeitsoldaten rekrutiert. Doch später wurden sie zur

Elitekampftruppe.

MEDJAU
Als Medjau wurden in erster Linie Menschen bezeichnet, die in der nubischen Region Medja lebten. In der ägyptischen Armee setzte man sie als Beobachter ein, die in der Wüste patrouillierten. Mit der Zeit wurden sie eine Art Polizei, die Königspalast und Königsgräber schützte. Das abgebildete Modell von Medjau-Soldaten stammt aus einem Grab der 11.–12. Dynastie.

Die alten Ägypter

Die ägyptische Gesellschaft war aufgebaut wie eine Pyramide: Oben an der Spitze standen der Pharao und seine Königin. Dann folgte die Oberklasse – die Adligen, Hohepriester, Oberschreiber, Minister und Offiziere. Künstler und Handwerker bildeten die Mittelklasse und unten an der Basis waren die Arbeiter und Bauern. Der Pharao traf alle wichtigen Entscheidungen, die Verwaltung, Politik und Religion betrafen. Das Bild links zeigt Pharao Tutanchamun und seine Königin Anchesenamun.

KARTUSCHE
Eine Kartusche ist ein ovaler Rand um den Namen des Pharaos in Hieroglyphenschrift. In der abgebildeten Kartusche steht der Name von Ramses II.

Der Königshof

Die Ägypter hielten den Pharao für einen lebenden Gott und seine Königin für eine Göttin. Adlige und hohe Hofbeamte wurden „Freunde des Pharao" genannt. Sie lebten mit der Königsfamilie im Palast und halfen ihm, das Reich zu regieren.

Gesellschaftspyramide

An der Spitze der ägyptischen Gesellschaft stand der Pharao. Er kommandierte die Armee und regierte das Land mithilfe von Adligen, Beamten und Schreibern. Die Handwerker waren damit beschäftigt, Gräber und Tempel zu bauen und zu verschönern. Die meisten Ägypter waren aber einfache Bauern.

Das Nemes-Kopftuch stellte den Pharao als Sphinx oder Falken dar. Beide waren Symbole des Gottes Horus.

Der Pharao war die mächtigste Person im ganzen Reich.

Wedel und Krummstab, Machtsymbole des Pharao

Tutanchamuns Sarkophag

Schreiber, Priester und Adlige bildeten die Oberklasse.

Ausgebildete Handwerker, wie Bildhauer, gehörten zur Mittelklasse.

Einfache Arbeiter, wie Bauern und Fischer, waren die Unterklasse.

Die Macht des Pharaos

Ein Pharao hatte viele Namen und Titel, um seinen Status und seine Macht zu zeigen. Der erste war der Eigenname, den er bei der Geburt erhielt. Nach seiner Thronbesteigung erhielt er einen Thronnamen. Der Eigenname von Thutmosis III. war z. B. Thutmosis, sein Thronname lautete Men-cheper-Re. Zu den weiteren Titeln gehörte der Nebtiname, der den Pharao als Herrn von Ober- und Unterägypten auswies. Auch die Insignien – sein Schmuck sowie seine Kleidung – waren Symbole seiner Macht.

Nofretete, Echnatons Gemahlin

Königinnen

Ein Pharao hatte viele Frauen, aber nur eine war die „Große Königsgemahlin" und herrschte neben ihm als Königin.

Seneb

Senites, Senebs Frau

Radjedef-Anch, Senebs Sohn

Adlige

Bedeutende Adlige und Beamte trugen Titel wie „Fächerträger zur Rechten des Königs" oder „Herr des Pferds". Dies ist die Statue des ägyptischen Adligen Seneb, der 20 Titel hatte, darunter „Vom König geliebt".

Könige und Adel

Pharaonen waren die obersten Herrscher im alten Ägypten. Ihre Namen, Kleider und Insignien dienten als Symbole ihrer Macht. Verwalter, Steuereintreiber und Generäle berieten den Pharao in politischen sowie verwaltungstechnischen Fragen.

IM DETAIL: INSIGNIEN

Jede Insignie des Pharao hatte eine besondere Bedeutung.

▲ Die Uräusschlange war das Symbol der Göttin Wadjet und der göttlichen Macht des Pharao.

▲ Krummstab und Wedel symbolisierten seine Rolle als Hirte und Versorger seines Volkes.

▲ Die Doppelkrone oder Pschent bedeutete, dass der Pharao über ganz Ägypten herrschte.

Djoser

Djoser war der erste ägyptische Herrscher, der für sich eine Pyramide bauen ließ, die Stufenpyramide von Sakkara. Während seiner Herrschaft gelang es ihm, die Grenzen des Reichs bis zur Halbinsel Sinai im Osten und Assuan im Süden auszudehnen.

POSITION Pharao
EPOCHE Altes Reich
DYNASTIE 3. Dynastie
ZEIT 2667–2648 v. Chr.

Imhotep

Imhotep war ein großer Gelehrter, der unter Pharao Djoser mehrere Stellungen hatte, darunter Oberster Schatzmeister, Oberster Schreiber und Hohepriester des Sonnengottes. Er entwarf die Stufenpyramide und überwachte deren Bau. Außerdem schrieb er viele Bücher über Architektur und Medizin. Bilder und Statuen von Imhotep zeigen ihn oft sitzend mit einem Papyrusblatt auf den Knien.

POSITION Schatzmeister
EPOCHE Altes Reich
DYNASTIE 3. Dynastyie
ZEIT 2650–2600 v. Chr.

> Nach seinem Tod schrieb man Imhotep unendliche Weisheit zu und verehrte ihn als Gottheit.

Cheops

Cheops gelangte nach dem Tod seines Vaters Snofru auf den Thron und war der zweite Pharao der 4. Dynastie. Er ließ die Große Pyramide von Giseh erbauen, eines der Weltwunder der Antike. Der griechische Historiker Herodot nannte ihn einen bösen Tyrannen, der die Pyramide von Sklaven erbauen ließ. Heute weiß man aber, dass es Handwerker und Arbeiter waren, die für ihre Dienste gut bezahlt wurden.

POSITION Pharao
EPOCHE Altes Reich
DYNASTIE 4. Dynastie
ZEIT 2589–2566 v. Chr.

Chephren

Chephren folgte Pharao Cheops auf den Thron. Das Reich blühte unter seiner Herrschaft und es gibt Hinweise auf Handel mit Städten anderer Länder, wie Byblos im heutigen Libanon und Ebla im heutigen Syrien. Diese Statue zeigt Chephren, der vom Gott Horus als Falke auf seiner Schulter beschützt wird.

POSITION Pharao
EPOCHE Altes Reich
DYNASTIE 4. Dynastie
ZEIT 2558–2532 v. Chr.

Userkaf

Als Gründer der 5. Dynastie begann Userkaf mit dem Bau von Sonnentempeln in Abusir. Diese Büste von Userkaf ist die älteste Darstellung eines Pharao des Alten Reichs mit der roten Krone (Deshret) Unterägyptens.

POSITION Pharaoh
EPOCHE Altes Reich
DYNASTIE 5. Dynastie
ZEIT 2494–2487 v. Chr.

Niuserre

Der Name Niuserre bedeutet „Im Besitz der Macht von Re". Niuserre ließ den größten Sonnentempel für den Sonnengott Re in Abusir erbauen. Diese Doppelstatue zeigt ihn als jungen sowie als alten Mann.

Raneferef

Raneferef überwachte die Künstler und Steinmetze, die für die Pharaonen Schepseskaf und Userkaf arbeiteten. Er nutzte seine Position, um für sich selbst ein Grab in Sakkara zu bauen, in dem zwei lebensgroße Statuen von ihm stehen.

POSITION Hohepriester des Ptah
EPOCHE Altes Reich
DYNASTIE 5. Dynastie
ZEIT 2500–2465 v. Chr.

Menkaure

Menkaure war Chephrens Sohn und galt als gütiger Herrscher. Er bestimmte, dass Kinder von Beamten zusammen mit Königskindern unterrichtet werden. Viele Inschriften in den Gräbern der Beamten sprechen von seiner Großzügigkeit.

POSITION Pharao
EPOCHE Altes Reich
DYNASTIE 4. Dynastie
ZEIT 2532–2503 v. Chr.

POSITION Pharao
EPOCHE Altes Reich
DYNASTIE 5. Dynastie
ZEIT 2445–2421 v. Chr.

Mentuhotep II.

Während der Ersten Zwischenzeit war Ägypten in mehrere Reiche aufgeteilt. Mentuhotep II., der fünfte Pharao der 11. Dynastie, brachte sie alle unter seine Herrschaft und wurde der erste Pharao des Mittleren Reichs.

POSITION Pharao
EPOCHE Mittleres Reich
DYNASTIE 11. Dynastie
ZEIT 2055–2004 v. Chr.

Bemalte Kalksteinstatue von Mentuhotep II.

Amenemhet I.

Doppelstatue von Amenemhet I. als Nilgott

Amenemhet I. war der Minister von Mentuhotep IV., dem letzten Herrscher der 11. Dynastie. Nach ihm übernahm Amenemhet I. den Thron und gründete die 12. Dynastie. Damit die Dynastie auch nach seinem Tod an der Macht blieb, ernannte er seinen Sohn Sesostris I. zum Mitherrscher, eine Strategie, die alle seine Nachfolger beibehielten.

POSITION Pharao
EPOCHE Mittleres Reich
DYNASTIE 12. Dynastie
ZEIT 1985–1956 v. Chr.

Sesostris I.

1971 v. Chr. wurde Sesostris I. von seinem Vater Amenemhet I. zum Mitherrscher ernannt. Als Oberbefehlshaber der Armee kämpfte er an der Grenze zu Nubien. 1962 v. Chr. ermordeten Höflinge seinen Vater. Sesostris I. ließ daraufhin seine Armee zurück und begab sich in die Hauptstadt, um den Thron zu besteigen. Als Pharao setzte er das Werk seines Vaters fort und eroberte Nubien.

POSITION Pharao
EPOCHE Mittleres Reich
DYNASTIE 12. Dynastie
ZEIT 1971–1926 v. Chr.

Amenemhet II.

Kurze Zeit regierte Amenemehet II. zusammen mit seinem Vater Sesostris I. Auf der Suche nach Gold unternahm er einen Feldzug nach Nubien. Zu den Fundstücken aus seiner Regierungszeit zählen auch Dinge aus Mesopotamien (dem heutigen Irak) und Kreta, ein Hinweis, dass damals reger Handel getrieben wurde.

POSITION Pharao
EPOCHE
Mittleres Reich
DYNASTIE
12. Dynastie
ZEIT
1929–1895 v. Chr.

Sesostris III.

Sesostris III. brachte Nubien unter ägyptische Herrschaft. Er ließ Festungen erbauen, mit denen er die südliche Grenze kontrollierte. Außerdem errichtete er einen Kanal durch den Nilkatarakt bei Elephantine, damit die Schiffe leichter flussaufwärts segeln konnten.

POSITION Pharao
EPOCHE
Mittleres Reich
DYNASTIE 12. Dynastie
ZEIT 1870–1831 v. Chr.

Tetischeri

Als Gemahlin von Pharao Senachtenre aus der 17. Dynastie hatte Tetischeri eine wichtige Stellung bei Hof. Sie war Ratgeberin ihres Sohns Sekenenre Taa und ihrer Enkel Kamose und Ahmose, die die 18. Dynastie gründeten. Nach ihrem Tod wurde ihr zu Ehren ein Monument (Kenotaph) in Abydos errichtet.

Wegen ihres großen Einflusses auf ihren Sohn und ihre Enkel wird Tetischeri heute auch als „Mutter des Neuen Reichs" bezeichnet.

POSITION Königin und Königinmutter
EPOCHE Zweite Zwischenzeit
DYNASTIE 17.–18. Dynastie
ZEIT 1560–1525 v. Chr.

Hatschepsut

Als eine der wenigen Frauen, die über Ägypten herrschten, war Hatschepsut zunächst Regentin für ihren Stiefsohn Thutmosis III., der zu jung für den Thron war. 1473 v. Chr. erklärte sie sich selbst zur Pharaonin und herrschte 15 Jahre lang.

POSITION Pharaonin
EPOCHE Neues Reich
DYNASTIE 18. Dynastie
ZEIT 1473–1458 v. Chr.

Sekenenre Taa

Als Sekenenre Taa den Thron bestieg, wurde fast ganz Ägypten von den Hyksos beherrscht, einem Volk aus Asien. Er versuchte, Ägypten zu befreien, wurde aber im Kampf getötet. Seine Söhne Kamose und Ahmose führten den Krieg fort. Nachdem sie die Hyksos besiegt und vertrieben hatten, begann die Epoche des Neuen Reichs.

POSITION Pharao
EPOCHE Zweite Zwischenzeit
DYNASTIE 17. Dynastie
ZEIT 1558–1555 v. Chr.

Senenmut

Als einflussreicher Beamter am Hof von Hatschepsut hatte Senenmut viele Aufgaben. Er unterrichtete die Königskinder und war der Architekt von Hatschepsuts Tempel sowie ihr engster Berater.

POSITION Architekt
EPOCHE Neues Reich
DYNASTIE 18. Dynastie
ZEIT 1473–1458 v. Chr.

Thutmosis III.

Thutmosis III. war einer der größten Militärführer Ägyptens. Während seiner Herrschaft unternahm er 17 Feldzüge und eroberte etwa 350 Städte. Er ließ mehrere Tempel und Monumente erbauen, darunter auch den Amun-Tempel in Karnak.

POSITION Pharao
EPOCHE Neues Reich
DYNASTIE 18. Dynastie
ZEIT 1479–1425 v. Chr.

Große Wunde am Kopf von Sekenenres Mumie

URÄUS
Die Uräus war eine schlangenförmige Insignie des Pharao und das Symbol der Göttin Wadjet. Diese Uräusschlangen am Thron von Pharao Tutanchamun tragen Sonnenscheiben auf den Köpfen. Sonne und Uräus stehen für die göttliche Macht des Pharao.

Amenhotep II.

Als Sohn von Thutmosis III. setzte Amenhotep II. die Feldzüge seines Vaters fort. Er war ein guter Krieger und führte sein Heer bis zum See Genezareth im heutigen Israel.

POSITION Pharao
EPOCHE Neues Reich
DYNASTIE 18. Dynastie
ZEIT 1427–1400 v. Chr.

Echnaton

In den ersten fünf Jahren seiner Herrschaft hieß Echnaton Amenhotep IV. Dann begann er den Sonnengot Aton zu verehren und änderte seinen Namen in Echnaton, das bedeutet „der lebendige Geist des Aton". Echnaton verbot die Anbetung aller anderen Götter, was ihn beim Volk sehr unbeliebt machte. Er ließ in Amarna, einem Ort, der nichts mit den alten Göttern zu tun hatte, eine neue Hauptstadt bauen. Sie hieß Achet-Aton, wurde allerdings schon kurz nach seinem Tod wieder aufgegeben.

POSITION Pharao
EPOCHE Neues Reich
DYNASTIE 18. Dynastie
ZEIT 1352–1336 v. Chr.

Sennefer

Sennefer war während der Herrschaft von Amenhotep II. der Bürgermeister von Theben. Der Pharao mochte Sennefer und machte ihn zu einem reichen Mann.

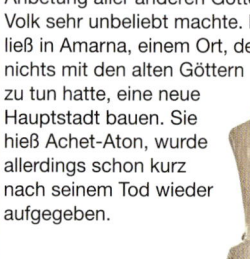

POSITION Bürgermeister von Theben
EPOCHE Neues Reich
DYNASTIE 18. Dynastie
ZEIT 1427–1400 v. Chr.

Nofretete

Man nimmt an, dass Nofretete zusammen mit ihrem Gemahl Echnaton regierte, doch im 14. Jahr seiner Herrschaft verschwand sie plötzlich. Niemand weiß, was mit ihr geschah, aber ihre Büste, die in Achet-Aton gefunden wurde, liefert uns ein Bild ihrer Schönheit, für die sie berühmt war. Der Name Nofretete bedeutet „Die Schöne ist gekommen.".

Blaue Krone, mit einem Band verziert

Auf seinen Sarkophag ließ Echnaton keine Bilder von Göttinnen malen, sondern Bilder von Nofretete.

POSITION	Große Königsgemahlin
EPOCHE	Neues Reich
DYNASTIE	18. Dynastyie
ZEIT	1370–1338 v. Chr.

Tutanchamun

In seiner nur neun Jahre währenden Regierungszeit hob Tutanchamun Echnatons Verbot auf, andere Götter als Aton anzubeten. Er verlegte auch die Hauptstadt von Achet-Aton nach Theben.

POSITION
Pharao

EPOCHE
Neues Reich

DYNASTIE
18. Dynastie

ZEIT
1336–1327 v. Chr.

Maya

Maya hatte die wichtige Position eines Schatzhausvorstehers. Er sammelte die Steuern aus den verschiedenen Teilen des Reichs ein.

POSITION
Schatzhausvorsteher

EPOCHE Neues Reich

DYNASTIE 18. Dynastie

ZEIT 1336–1295 v. Chr.

Mayas Frau Merit

Ramses II.

Ramses II. war der dritte Pharao der 19. Dynastie und einer der bekanntesten und größten Herrscher im alten Ägypten. Er kämpfte 1274 v. Chr. bei Kadesch gegen die Hethiter. Als kein klarer Sieger erkennbar war, schloss er den ersten Friedensvertrag der Weltgeschichte. Eine Kopie davon hängt heute in New York im Hauptsitz der Vereinten Nationen, einer Organisation, die sich mit Streitigkeiten zwischen Ländern befasst. Ramses II. herrschte über 60 Jahre lang. Um seine Erfolge zu feiern, ließ er viele Monumente erbauen, darunter die Tempel von Abu Simbel.

POSITION Pharao

EPOCHE Neues Reich

DYNASTIE 19. Dynastie

ZEIT 1279–1213 v. Chr.

Maya

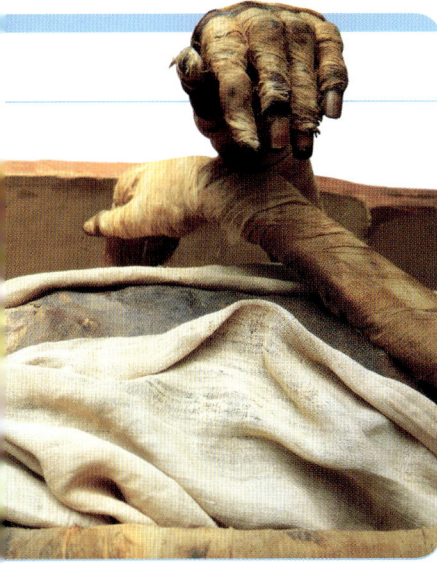

Nefertari

Nefertari stammte aus einer adligen Familie und war die Hauptfrau von Ramses II. Sie hatte ihn geheiratet, bevor er Pharao wurde. Er baute ihr den kleineren Tempel in Abu Simbel. Keine andere ägyptische Königin war je zuvor auf diese Weise geehrt worden.

POSITION	Große Königsgemahlin
EPOCHE	Neues Reich
DYNASTIE	19. Dynastie
ZEIT	1279–1213 v. Chr.

Psusennes I.

Psusennes I., der dritte König der 21. Dynastie, war einer der wenigen Pharaonen, deren Grab unberührt gefunden wurde. Die Abbildung zeigt seine Grabmaske aus Gold und Lapislazuli. Die Augen sind aus schwarzem und weißem Glas.

Augenbrauen aus Lapislazuli

POSITION Pharao
EPOCHE Dritte Zwischenzeit
DYNASTIE 21. Dynastie
ZEIT 1039–991 v. Chr.

Scheschonk I.

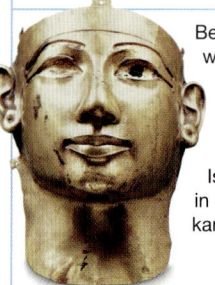

Bevor Scheschonk I. Pharao wurde, war er General unter Psusennes II., dem letzten König der 21. Dynastie. Scheschonk I. drang in das Reich der Israeliten ein und plünderte in Jerusalem die Schatzkammer Salomons.

POSITION Pharao
EPOCHE Dritte Zwischenzeit
DYNASTIE 22. Dynastie
ZEIT 945–924 v. Chr.

Amasis

Amasis ist auch bekannt als Ahmose II. Er war ein General in der Armee von Apries, dem vierten Pharao der 26. Dynastie. 570 v. Chr. befahl Apries einen Angriff auf Kyrene (im heutigen Libyen), doch dieser schlug fehl. Die ägyptischen Soldaten glaubten, Apries habe sie hintergangen, und erhoben sich gegen ihn. Sie machten Amasis zum neuen Pharao, der lange Zeit im Wohlstand regierte.

POSITION Pharao
EPOCHE Spätzeit
DYNASTIE 26. Dynastie
ZEIT 570–526 v. Chr.

Darius I.

Bevor Darius I. (auch Darius der Große) Herrscher des Persischen Reichs wurde, war er Soldat in der persischen Armee von Kaiser Kambyses II. Nachdem dieser Ägypten erobert hatte, stürzte ihn Darius vom Thron und ließ sich zum Pharao krönen.

POSITION Pharao
EPOCHE Spätzeit
DYNASTIE 27. Dynastie
ZEIT 522–486 v. Chr.

Statue von Amasis als Sphinx

Alexander der Große

Alexander der Große war ein griechischer Prinz aus Makedonien und einer der größten militärischen Führer der Welt. Mit 21 begann er die damals bekannte Welt zu erobern. Er besiegte die Perser und kam 332 v. Chr. nach Ägypten, wo er zum Pharao gekrönt wurde.

POSITION Pharao
EPOCHE Ptolemäerzeit
DYNASTIE Argeaden
ZEIT 332–323 v. Chr.

Ptolemaios I.

Ptolemaios I. war ein makedonischer General, der Alexander dem Großen auf den Thron folgte und die ptolemäische Dynastie gründete. Als geschicktem Politiker gelang es ihm nach Alexanders Tod den Frieden zu bewahren.

POSITION Pharao
EPOCHE Ptolemäerzeit
DYNASTIE Ptolemäer
ZEIT 305–285 v. Chr.

Ptolemaios II.

Bevor Ptolemaios II. 285 v. Chr. Alleinherrscher wurde, regierte er zusammen mit Ptolemaios I. Er war mit Arsinoë I. verheiratet, verbannte sie jedoch, als er Pharao wurde. Dann heiratete er seine Schwester, ein in Ägypten üblicher Brauch, der die Griechen schockierte.

POSITION Pharao
EPOCHE Ptolemäerzeit
DYNASTIE Ptolemäer
ZEIT 285–246 v. Chr.

Brosche mit Arsinoë II. und Ptolemaios II.

Arsinoë II.

Arsinoë II., die Schwester von Ptolemaios II., war mit Lysimachos verheiratet, dem König von Thrakien. Nach dessen Tod musste sie fliehen und kam nach Ägypten, wo sie ihren Bruder heiratete und Mitregentin wurde. Diese Brosche zeigt sie zusammen mit Ptolemaios II.

POSITION Königin
EPOCHE Ptolemäerzeit
DYNASTIE Ptolemäer
ZEIT 316–270 v. Chr.

Ptolemaios III.

Ptolemaios III. heiratete Berenike II., Prinzessin von Kyrene, und vereinte beide Reiche unter seiner Herrschaft. Um den Frieden zu erhalten, verheiratete er seine Schwester Berenike mit Syriens König Antiochos. Als dessen erste Frau Laodice ihn und Berenike tötete, fiel Ptolemaios in Syrien ein, um den Tod der Schwester zu rächen.

POSITION Pharao
EPOCHE Ptolemäerzeit
DYNASTIE Ptolemäer
ZEIT 246–221 v. Chr.

Berenike II.

Berenike II. war die Frau von Ptolemaios III. Als dieser nach Syrien aufbrach, um seine ermordete Schwester zu rächen (die auch Berenike hieß), soll sie sich der Legende nach das Haar abgeschnitten und es für eine sichere Rückkehr ihres Mannes den Göttern geopfert haben. Diese nahmen es und machten daraus ein Sternbild.

POSITION Königin
EPOCHE Ptolemäerzeit
DYNASTIE Ptolemäer
ZEIT 269–221 v. Chr.

Arsinoë III.

Der Ehemann von Arsinoë III., Ptolemaios IV., war ein schwacher Herrscher, der von korrupten Ministern kontrolliert wurde. Nach seinem Tod bekamen die Minister Angst, dass seine Ehefrau Arsinoë III. sie dafür bestrafen würde, deshalb ließen sie sie ermorden.

POSITION Königin
EPOCHE Ptolemäerzeit
DYNASTIE Ptolemäer
ZEIT 246–204 v. Chr.

Kleopatra VII.

Kleopatra VII., Alleinherrscherin über Ägypten, setzte alles daran, dass ihr Land nicht von den Römern übernommen wurde. Um Ägyptens Wirtschaft zu stärken, trieb sie Handel bis nach Indien. Sie begann auch eine Affäre mit dem römischen General Julius Cäsar und – nach dessen Tod – mit Marc Anton. Als ihr gemeinsamer Rivale Oktavian sie besiegte, beging sie Selbstmord und Ägypten wurde römisches Territorium.

POSITION Pharaonin
EPOCHE Ptolemäerzeit
DYNASTIE Ptolemäer
ZEIT 51–30 v. Chr.

Kleopatra VII. war die letzte Pharaonin von Ägypten und die einzige Ptolemäerin, die ägyptisch sprach.

RAMSES II.
Ramses II. wurde schon als Jugendlicher Pharao und regierte ungefähr 60 Jahre lang. Er startete umfangreiche Bauvorhaben, ließ alte Tempel erweitern und neue errichten. Da in seiner Regierungszeit die Überschwemmungen des Flusses Nil für sehr fruchtbares Land sorgten, ist er hier bei der jährlichen Ernte dargestellt.

Ramses II. baute einen Tempel, das **Ramesseum,** in dem kein Gott, sondern nur er selbst angebetet wurde.

Gräber und Monumente

Für die alten Ägypter war der Tod nur der Anfang eines neuen Lebens im Jenseits. Sie bauten für die Verstorbenen massive Gräber, die sie mit Schätzen und Gegenständen zur Verwendung im Jenseits füllten. Die berühmtesten Gräber sind die Pyramiden, riesige Bauwerke für die ersten Pharaonen. Im Neuen Reich wurden Gräber im Tal der Könige bei Theben angelegt. Dort fand man auch die größten altägyptischen Schätze.

KANOPENKASTEN
Der Kanopenkasten von Tutanchamun enthält vier Krüge, die seinem Abbild nachempfunden sind. Hier wurden die inneren Organe des Königs aufbewahrt.

Bau einer Pyramide

Im Alten Reich bauten die Pharaonen riesige Gräber, die Pyramiden. Sie wurden alle am Westufer des Nils errichtet, weil man glaubte, das Land der Toten läge im Westen. Nicht selten brauchten etwa 100 000 Arbeiter bis zu 20 Jahre, um eine Pyramide zu bauen.

Entwicklung der Pyramiden

Die ersten Gräber waren einstöckige Bauwerke, sogenannte Mastabas. Im Alten Reich errichtete der Architekt Imhotep sechs Mastabas übereinander und schuf so die erste Pyramide. Später begann man die Seiten aufzufüllen, sodass die ersten „echten" Pyramiden entstanden.

Kubit-Stab aus Holz

Ausgleichspflöcke

Die Mastaba bestand aus Lehmziegeln. Der Tote wurde in einer Kammer im Innern bestattet.

Die Stufenpyramide bestand aus mehreren Mastabas übereinander. Sie wurde aus kleinen Steinblöcken errichtet.

Die Große Pyramide von Giseh ist die größte echte Pyramide der Welt. Sie wurde aus riesigen Steinblöcken erbaut und mit polierten Kalksteinplatten verkleidet.

Bauwerkzeuge

Die Seiten der echten Pyramiden wurden in einem exakten Winkel von 56 Grad erbaut und alle Steine hatten dieselbe Größe. Die Baumeister maßen die Winkel mit Geodreiecken, die Längen mit Kubit-Stäben und sorgten mit Ausgleichspflöcken dafür, dass alle Flächen eben waren.

Geodreieck

Bauarbeiter

Arbeiter trugen Steine aus Steinbrüchen manchmal über weite Strecken zu den Pyramiden. Auf der Baustelle hoben sie die Steinblöcke mit Seilen in die Höhe oder zogen sie über Rampen nach oben, wo sie mit Mörtel fixiert wurden.

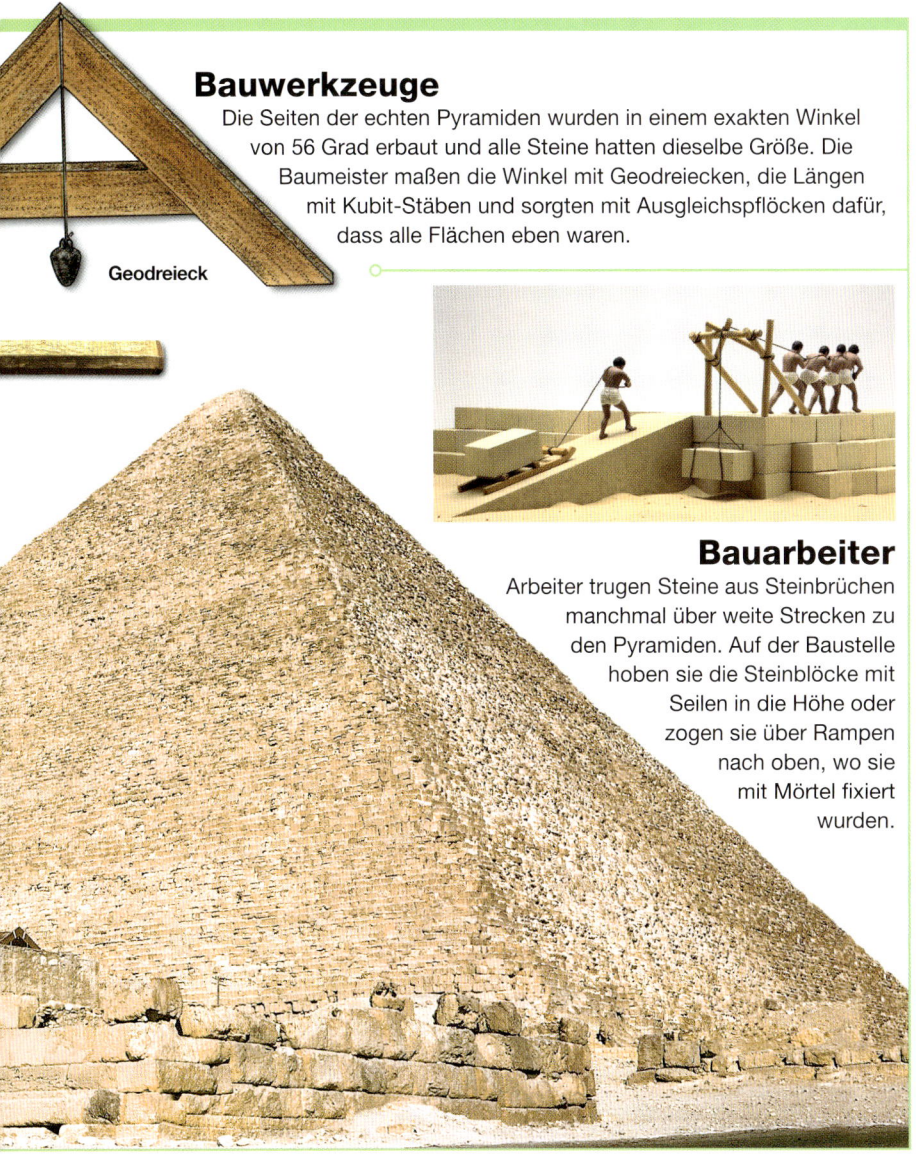

Pyramiden

Die ägyptischen Pyramiden faszinieren die Menschen schon seit vielen Jahrtausenden. Sie wurden als letzte Ruhestätten für die Pharaonen und Mitglieder der Königsfamilie erbaut. Mehr als 80 Pyramiden sind über ganz Ägypten verteilt.

IM DETAIL:
BAU-MATERIAL
Die Pyramiden wurden aus verschiedenen Arte von Steinen erbaut.

Große Pyramide von Giseh

Für die größte Pyramide der Welt waren rund 20 Jahre Arbeitszeit und ungefähr 2,3 Millionen Kalksteinblöcke nötig. Jeder Block wiegt im Durchschnitt 2,5 Tonnen. Im Pyramideninnern gibt es ein weitläufiges Netz aus Gängen, Galerien und versteckten Kammern, von denen einige bis heute noch nicht erkundet wurden.

ERBAUT FÜR Cheops
BAUZEIT 2589 v. Chr.
(3. Dynastie, Altes Reich)
HÖHE 147 m
(heute 139 m)
ORT Giseh

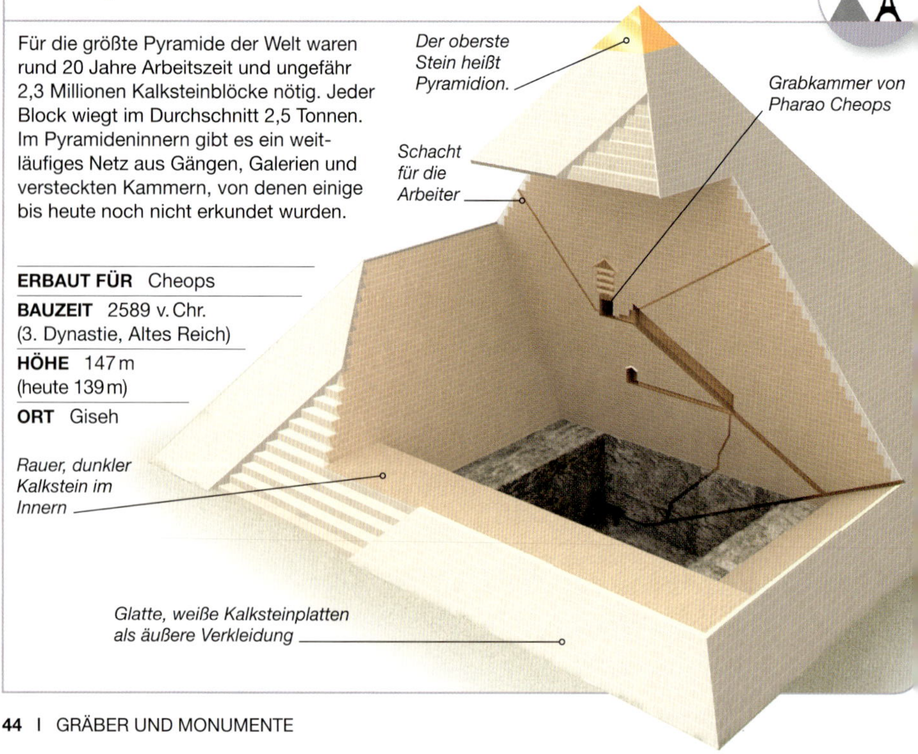

Der oberste Stein heißt Pyramidion.

Grabkammer von Pharao Cheops

Schacht für die Arbeiter

Rauer, dunkler Kalkstein im Innern

Glatte, weiße Kalksteinplatten als äußere Verkleidung

GRÄBER UND MONUMENTE

◀ Die Pyramiden des Alten Reichs entstanden aus Kalksteinblöcken. Auch die Baupläne und Skizzen wurden auf Kalksteinplatten gezeichnet.

◀ Die Statuen, Tafeln und Sarkophage im Innern der Pyramiden wurden aus schwarzem Basalt angefertigt.

◀ Die Pyramiden des Mittleren Reichs wurden meist aus Lehmziegeln erbaut und mit Kalkstein verkleidet.

Chephren-Pyramide

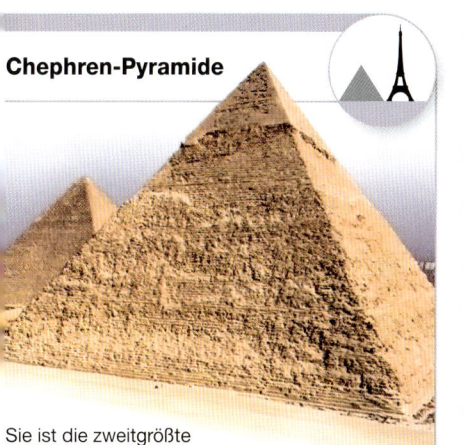

Sie ist die zweitgrößte Pyramide von Giseh. Pharao Chephren ließ sie allerdings an einer erhöhten Stelle errichten, sodass sie größer aussah als die Pyramide von Pharao Cheops.

ERBAUT FÜR Chephren
BAUZEIT 2520 v. Chr. (3. Dynastie, Altes Reich)
HÖHE 144 m (heute 136 m)
ORT Giseh

Mykerinos-Pyramide

Diese Pyramide wurde als letzte in Giseh erbaut und ist deutlich kleiner als ihre Nachbarinnen. An ihrer Südseite ließ Pharao Mykerinos noch drei kleine Pyramiden für seine Ehefrauen errichten.

ERBAUT FÜR Mykerinos
BAUZEIT 2490 v. Chr. (3. Dynastie, Altes Reich)
HÖHE 65 m (heute 62 m)
ORT Giseh

Pyramide für Mykerinos Königin

Neferirkare-Pyramide

Da der Auftraggeber der Pyramide, Pharao Nerferirkare, noch während der Bauarbeiten starb, wurde sie nie fertiggestellt. Es sollte eine Pyramide mit sechs Stufen werden, doch dann entschied man sich, die Stufen aufzufüllen und eine typische Pyramide daraus zu machen.

ERBAUT FÜR Neferirkare
BAUZEIT 2475–2455 v. Chr. (5. Dynastie, Altes Reich)
HÖHE 70 m (heute 45 m)
ORT Abusir

Sahure-Pyramide

Teti-Pyramide

Auch wenn die Teti-Pyramide von außen inzwischen aussieht wie ein Geröllhaufen, sind die Kammern und Gänge in ihrem Innern noch gut erhalten. Die Wände der Grabkammer sind mit Texten beschriftet und die Decke ist mit Sternen bemalt.

ERBAUT FÜR Teti

BAUZEIT 2323–2291 v. Chr.
(6. Dynastie, Altes Reich)

HÖHE 52,5 m

ORT Sakkara

Diese Pyramide besteht aus grob behauenen Kalksteinblöcken, die mit Lehm zusammengehalten und mit weißem Kalkstein verkleidet wurden. Im Osten der Pyramide steht der Totentempel von Pharao Sahure. Totentempel wurden in der Nähe der Pyramiden errichtet, um die Pharaonen zu ehren.

Ruinen von Sahures Totentempel

ERBAUT FÜR Sahure

BAUZEIT 2487–2475 v. Chr.
(5. Dynastie, Altes Reich)

HÖHE 47 m

ORT Abusir

Knickpyramide

Diese ungewöhnlich geformte Pyramide sollte ursprünglich in einem steilen Winkel von 54 Grad erbaut werden. Doch das Bauwerk wurde instabil und die Baumeister mussten die restliche Pyramide in einem Winkel von 43 Grad errichten, um zu vermeiden, dass sie einstürzt.

ERBAUT VON Snofru
BAUZEIT 2613–2589 v. Chr. (4. Dynastie Altes Reich)
HÖHE 105 m (heute 100 m)
ORT Dahschur

Rote Pyramide

Pharao Snofru versuchte dreimal, eine echte Pyramide zu bauen. Die ersten Versuche – die Meidum-Pyramide und die Knickpyramide – scheiterten. Erst bei der Roten Pyramide hatte er Erfolg. Ihren Namen erhielt sie von dem roten Sandstein, der an ihrer Basis gefunden wurde.

ERBAUT VON Snofru
BAUZEIT 2613–2589 v. Chr. (4. Dynastie, Altes Reich)
HÖHE 110 m (heute 104 m)
ORT Dahschur

Meidum-Pyramide

Ein früherer Herrscher hatte bereits mit dem Bau der Meidum-Pyramide begonnen, aber vollendet wurde sie von Pharao Snofru. Es handelte sich um eine Pyramide mit acht Stufen, die später aufgefüllt und verkleidet wurden. Im Lauf der Jahrhunderte brach die Verkleidung ab, sodass heute nur noch der innere Kern übrig ist.

ERBAUT VON Snofru
BAUZEIT 2613–2589 v. Chr. (4. Dynastie, Altes Reich)
HÖHE 94 m (heute 65 m)
ORT Fayum

Fast die ganze Kalksteinverkleidung dieser Pyramide wurde zum Bau der Stadt Kairo verwendet.

Unas-Pyramide

Von außen sieht diese Pyramide nicht sehr königlich aus, sondern eher wie ein kleiner Hügel. Sie ist jedoch sehr bedeutend, weil die Wände der Grabkammer in ihrem Innern mit den ältesten religiösen ägyptischen Texten beschriftet sind. Es handelt sich um eine Sammlung von Sprüchen zum Schutz des Toten im Jenseits.

ERBAUT VON Unas

BAUZEIT 2375–2345 v. Chr.
(5. Dynastie, Altes Reich)

HÖHE 43 m (heute 19 m)

ORT Sakkara

Stufenpyramide

Userkaf-Pyramide

Der Totentempel dieser Pyramidenanlage ist nach Süden ausgerichtet anstatt wie üblich nach Osten. Wahrscheinlich weil Userkaf die Sonne anbetete und der Tempel auf diese Weise den ganzen Tag im Sonnenlicht stand.

ERBAUT VON Userkaf

BAUZEIT 2494–2487 v. Chr.
(5. Dynastie, Altes Reich)

HÖHE 49 m

ORT Abusir

Die Stufenpyramide war die erste ägyptische Pyramide. Sie bestand aus mehreren rechteckigen, aufeinandergestapelten Bauelementen. Die Grabkammern des Pharao und seiner Familie wurden in den Felsboden darunter gehauen. Die Pyramide hatte 15 Türen, doch nur eine davon war echt. Die anderen 14 Türen sollten Grabräuber in die Irre führen.

ERBAUT VON Djoser
BAUZEIT 2680 v. Chr. (3. Dynastie, Altes Reich)
HÖHE 63 m (heute 60 m)
ORT Sakkara

Schwarze Pyramide

Die auch als Amenemhet-III.-Pyramide bekannte Schwarze Pyramide war ein architektonisches Disaster. Sie wurde auf instabilem Untergrund zu nah am Nil errichtet, sodass Wasser eindrang und den Bau beschädigte. Der Schaden konnte zwar repariert werden, aber Amenemhet III. wollte die Pyramide danach nicht mehr benutzen und ließ sich in Hawara ein anderes Grab bauen.

ERBAUT VON Amenemhet III.
BAUZEIT 1860–1814 v. Chr. (12. Dynastie, Mittleres Reich)
HÖHE 75 m
ORT Dahschur

Die gesamte Ummantelung der Meidum-Pyramide ist weggebrochen, deshalb nennt man sie auch „die eingestürzte Pyramide".

EINSTURZGEFAHR
Es gibt verschiedene Theorien über den Einsturz der Meidum-Pyramide. Eventuell wurde aufgrund der Form des Gebäudes die Belastung zu groß oder ein Erdbeben beschädigte das Bauwerk.

Gräber

Aus Angst vor Grabräubern ließen sich die Pharaonen des Neuen Reichs nicht mehr in Pyramiden, sondern in tiefen, unterirdischen Felsengräbern bestatten. Die größte Fundstätte derartiger Gräber ist das Tal der Könige bei Theben. Bis 2013 wurden dort 64 Gräber entdeckt. Daneben liegt das Tal der Königinnen, in dem man bisher 70 Gräber von Königinnen und Prinzessinnen fand.

Grab von Ramses VII.

Wegen seiner Lage am Eingang zum Tal der Könige erhielt dieses Grab die Nummer KV 1. Es besteht aus nur einer Grabkammer und einem vermutlich nicht ganz fertiggestellten kleinen Raum. Eine Malerei an der rechten Wand zeigt Götter, die die Sonne im Feuer wiederbeleben.

GRABNUMMER	KV 1
BAUZEIT	1136–1129 v. Chr. (20. Dynastie, Neues Reich)
ORT	Tal der Könige, Theben

Grab von Ramses IV.

In der Antike wurden die Gräber oft von griechischen und römischen Reisenden vorübergehend als Unterkunft genutzt. Auch im Grab KV 2 hinterließen Besucher im Altertum Zeichnungen und Inschriften mit ihren Namen, Berufen, Herkunftsorten und mit persönlichen Kommentaren über das Grab.

GRABNUMMER KV 2
BAUZEIT 1155–1149 v. Chr.
(20. Dynastie, Neues Reich)
ORT Tal der Könige, Theben

Grab der Söhne von Ramses II.

Dieses Grab hielt man zunächst für ein unbedeutendes Loch im Boden, bis im Jahr 1995 Archäologen die Überreste der Söhne von Ramses II. darin fanden. Es ist das größte Grab im Tal. Bis jetzt wurden 121 Kammern und Korridore entdeckt, aber Experten gehen davon aus, dass es insgesamt 150 Kammern gibt.

Statue des Osiris in Korridor Nummer sieben

GRABNUMMER KV 5
BAUZEIT 1279–1213 v. Chr.
(19. Dynastie, Neues Reich)
ORT Tal der Könige, Theben

Grab von Ramses V. und Ramses VI.

Ramses V. begann mit dem Bau des Grabs, allerdings wurde es erst von seinem Bruder und Nachfolger Ramses VI. vollendet. Dieser ließ die neuen Bereiche mit seinem eigenen Namen und mit Bildern schmücken. Da keine Mumien gefunden wurden, ist nicht klar, ob nur Ramses VI. dort bestattet wurde, oder ob beide Pharaonen ihre letzte Ruhestätte im Grab KV 9 fanden.

GRABNUMMER KV 9

BAUZEIT 1149–1137 v. Chr. (20. Dynastie, Neues Reich)

ORT Tal der Könige, Theben

Grab von Amenhotep III.

Als eines der ältesten Gräber im Tal wurde KV 22 vollständig geplündert und all seiner Goldschätze beraubt. Der Deckel des Sarkophags war in mehrere Teile zerbrochen, wurde aber inzwischen restauriert.

GRABNUMMER KV 22

BAUZEIT 1390–1352 v. Chr. (18. Dynastie, Neues Reich)

ORT Tal der Könige, Theben

Grab des Tutanchamun

Der Eingang zu Grab KV 62 wurde während des Baus von Grab KV 9 unter einem Haufen aus Geröll und Steinen begraben, was KV 62 vor Grabräubern schützte. Als man es fand, enthielt es noch fast alle seine Grabschätze.

Grab von Amenhotep II.

Dieses Grab liegt im südwestlichen Teil des Tals der Könige. Obwohl es mehrmals geplündert wurde, lag die Mumie von Amenhotep II. noch intakt im Sarkophag, als man das Grab entdeckte. Es diente auch als Versteck für Mumien von anderen Pharaonen wie Thutmosis IV., Amenhotep III., Sethos II. und Ramses IV.

GRABNUMMER KV 35

BAUZEIT 1425–1400 v. Chr.
(18. Dynastie, Neues Reich)

ORT Tal der Könige, Theben

Sarkophag von Amenhotep II.

GRABNUMMER KV 62

BAUZEIT 1333–1323 v. Chr.
(18. Dynastie, Neues Reich)

ORT Tal der Könige, Theben

Sarkophag in einer Glasvitrine im Museum von Kairo

Grab von Sethos I.

Dieses ist das längste und tiefste Grab im Tal. Es ist mit religiösen Wandmalereien geschmückt, die Sethos I. mit verschiedenen Göttern zeigen. Hier legt die Totengöttin Nephthys den Arm um den Pharao.

GRABNUMMER KV 17

BAUZEIT 1290–1279 v. Chr.
(20. Dynastie, Neues Reich)

ORT Tal der Könige, Theben

Grab des Eje

Dies ist eines von 25 Gräbern, die in der Nähe von Achet-Aton entdeckt wurden. Die Wandmalereien zeigen den Adligen Eje und seine Familie, die zum Sonnengott Aton beten. Außerdem wurde an die Wände die längste Hymne an Aton geschrieben, die je gefunden wurde.

GRABNUMMER Amarnagrab 25

BAUZEIT 1352–1334 v. Chr. (18. Dynastie, Neues Reich)

ORT Amarna

Grab des Sennefer

Nahe beim Tal der Könige wurden Gräber von Hofbeamten und Adligen entdeckt. Das Grab von Sennefer, dem Bürgermeister von Theben, betritt man durch einen steilen Tunnel, der zu einer Reihe von Kammern führt. Die Decke ist mit Weinreben bemalt, deshalb heißt das Grab auch „Grab der Weinreben".

GRABNUMMER TT 95

BAUZEIT 1425–1400 v. Chr. (18. Dynastie, Neues Reich)

ORT Gräber der Noblen, Theben

Grab des Menna

Dieses Grab wurde für Menna erbaut, einen Landverwalter und Schreiber des Pharao. An den Wänden sind Szenen aus seinem Leben abgebildet. Hier sieht man ihn an einem gedeckten Tisch sitzen. Auf anderen Bildern überwacht er die Bauern und schreibt auf, was sie geerntet haben.

GRABNUMMER TT 69

BAUZEIT 1400–1352 v. Chr. (18. Dynastie, Neues Reich)

ORT Scheich Abd el-Qurna, Theben

Grab des Paschedu

Die Arbeiter und Künstler, die die Gräber schufen, lebten in einem Dorf nahe dem Tal der Könige. Es heißt heute Deir el-Medina oder „Dorf der Arbeiter". Man fand dort auch Gräber von Arbeitern, wie das des Paschedu. Die Wände und Decken sind mit Malereien von Gottheiten und mit religiösen Symbolen verziert.

GRABNUMMER TT 3

BAUZEIT 1149–1137 v. Chr.
(20. Dynastie, Neues Reich)

ORT Deir el-Medina, Theben

Der Gott Ptah in Gestalt eines Falken   *Wadjet-Auge*

Grab der Nefertari

Das Grab wurde für Ramses Gemahlin Nefertari erbaut. Seine Wandmalereien zeigen die Königin, wie sie den Göttern vorgestellt wird, sowie Gedichte, die der König für sie schrieb.

GRABNUMMER QV 66

BAUZEIT 1279–1213 v. Chr. (19. Dynastie, Neues Reich)

ORT Tal der Königinnen, Theben

Die Malereien an den Wänden von Nefertaris Grab zeigen die

Reise ihrer Seele

ins Jenseits.

NEFERTARIS GRAB
Das Grab QV66 der Nefertari wurde 1904 entdeckt. Es ist bekannt für die schönen Wandmalereien, die zeigen, wie die verstorbene Königin den Göttern vorgestellt wird. Hier sieht man Nefertari mit dem Schöpfergott Chepri (mit Skarabäuskopf dargestellt), dem Falkengott Horus und mit Osiris, dem Herrscher des Jenseits.

Grabschätze

Pyramiden und andere Gräber enthielten viele Artefakte und Schätze, um dem Verstorbenen ein schönes Leben im Jenseits zu ermöglichen. Viele Gräber wurden bereits im Altertum ausgeraubt. Das Grab von Tutanchamun war jedoch so gut versteckt, dass es noch fast alle seine funkelnden Schätze enthielt.

Thron

Dieser Thron gehörte zu den Grabschätzen von Pharao Tutanchamun. Er besteht aus Holz, das mit Gold und Silber überzogen wurde. Die Verzierungen sind aus buntem Glas, Halbedelsteinen und aus Fayence, einer Art glasierter Keramik. Auf der Lehne des Throns sind Tutanchamun und seine Königin Anchesenamun dargestellt. Die Sonne über dem Paar symbolisiert Aton.

Der Löwenkopf soll böse Geister fernhalten.

Stuhlbeine in Form von Löwenpfoten

HERGESTELLT FÜR	Tutanchamun
ZEIT	18. Dynastie, Neues Reich
GRÖSSE	1,02 m hoch
FUNDORT	Tal der Könige

Sarkophag

Als 1898 das Grab von Thutmosis III. entdeckt wurde, fand man darin nur noch ein paar kaputte Möbel und Statuen sowie seinen Sarkophag. Alles andere hatten Grabräuber gestohlen. Der Sarkophag ist mit Hieroglyphen und Darstellungen von ägyptischen Gottheiten verziert.

HERGESTELLT FÜR Thutmosis III.
ZEIT 18. Dynastie, Neues Reich
GRÖSSE 2,35 m lang
FUNDORT Tal der Könige

Sonnenbarke

1950 entdeckten Archäologen an der Basis der Großen Pyramide von Giseh eines der ältesten Boote der Welt. Die sogenannte Sonnenbarke war eine Grabbeigabe für Pharao Cheops und sollte ihm eine angenehme Reise ins Jenseits ermöglichen.

Das Schiff wurde zunächst vollständig erbaut, dann in 1224 Teile zerlegt und unter dicken Steinplatten begraben.

HERGESTELLT FÜR Cheops
ZEIT 4. Dynastie, Altes Reich
GRÖSSE 43,6 m hoch
FUNDORT Giseh

Hapi-Kanopenkrug

Die Kanopenkrüge, in denen die Organe einer Mumie aufbewahrt wurden, waren mit den Köpfen der vier Söhne des Gottes Horus verziert, die die vier Himmelsrichtungen symbolisierten. Dieser Krug enthielt eine Lunge und trägt den Paviankopf von Hapi, der den Norden verkörperte.

HERGESTELLT FÜR unbekannt

ZEIT 25. Dynastie, Dritte Zwischenzeit

GRÖSSE 28 cm hoch

FUNDORT unbekannt

Kebechsenuef-Kanopenkrug

Kebechsenuef, der Horussohn mit dem Falkenkopf, war dem Westen zugeordnet und schützte die Gedärme der Mumie. Diesen Krug fand man im Grab des Amun-Priesters Paiduf.

HERGESTELLT FÜR Paiduf

ZEIT 22. Dynastie, Dritte Zwischenzeit

GRÖSSE 29,5 cm hoch

FUNDORT unbekannt

Kanopenschrein

Das Wort „Kanope" leitet sich von der Stadt Kanopus ab, in der Osiris in Form eines Gefäßes mit Menschenkopf verehrt wurde.

Kanopenkrüge stellte man in einen Kanopenkasten und diesen in einen Kanopenschrein. Den abgebildeten Schrein fand man im Grab von Tutanchamun. Die vier Seiten sind mit Statuen von Göttinnen verziert. Die Göttin, die man hier sieht, ist Serket, die Skorpiongöttin.

HERGESTELLT FÜR Tutanchamun

ZEIT 18. Dynastie, Neues Reich

GRÖSSE 2 m hoch

FUNDORT Tal der Könige, Theben

Duamutef-Kanopenkrug

Der schakalköpfige Duamutef stand für den Osten und bewachte den Magen. Der Krug war mit dem Gesicht nach Osten aufgestellt.

HERGESTELLT FÜR Paiduf

ZEIT 22. Dynastie, Dritte Zwischenzeit

GRÖSSE 29,5 cm hoch

FUNDORT unbekannt

Amset-Kanopenkrug

Der einzige Horussohn mit Menschengesicht war Amset, der Beschützer der Leber. Er stand für den Süden, deshalb wurde der Krug mit dem Gesicht in diese Richtung aufgestellt.

HERGESTELLT FÜR unbekannt

ZEIT 25. Dynastie, Dritte Zwischenzeit

GRÖSSE 31 cm hoch

FUNDORT unbekannt

GRABSCHÄTZE

Kopfstütze

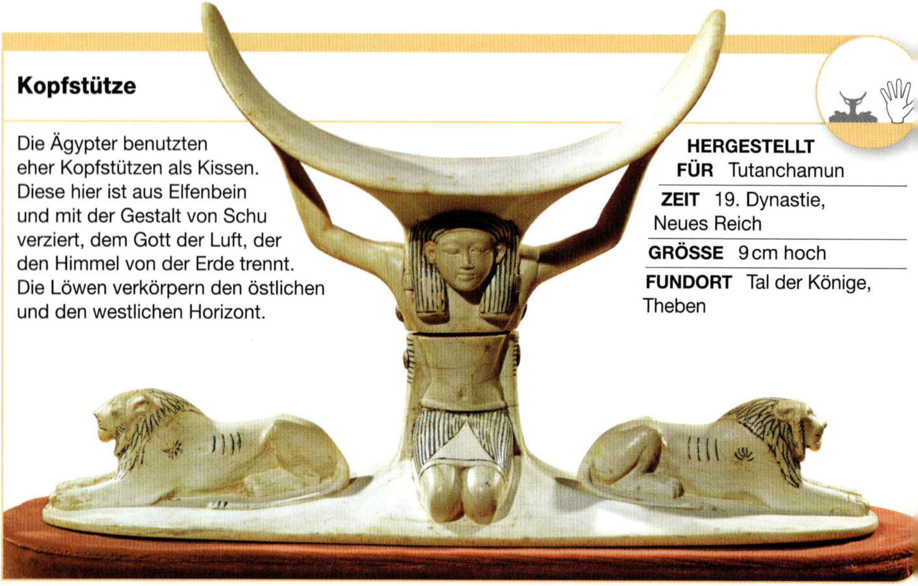

Die Ägypter benutzten eher Kopfstützen als Kissen. Diese hier ist aus Elfenbein und mit der Gestalt von Schu verziert, dem Gott der Luft, der den Himmel von der Erde trennt. Die Löwen verkörpern den östlichen und den westlichen Horizont.

HERGESTELLT FÜR Tutanchamun

ZEIT 19. Dynastie, Neues Reich

GRÖSSE 9 cm hoch

FUNDORT Tal der Könige, Theben

Ohrring

Ohrringe wurden von den Hyksos, Eindringlingen aus Asien, nach Ägypten gebracht. Diese hier sind aus buntem Glas und Gold und gehörten Pharao Tutanchamun.

HERGESTELLT FÜR Tutanchamun

ZEIT 19. Dynastie, Neues Reich

GRÖSSE 8–10 cm lang

FUNDORT Tal der Könige, Theben

Anhänger

Dieses Schmuckstück in Form eines geflügelten Skarabäus, der die Sonnenscheibe hält, war die künstlerische Darstellung von Tutanchamuns Thronnamen „Neb-cheperu-Re". Die Korbform unten ist die Hieroglyphe „Neb", der Käfer hieß „cheperu" und die Sonnenscheibe „Re".

HERGESTELLT FÜR Tutanchamun

ZEIT 19. Dynastie, Neues Reich

GRÖSSE 9 cm hoch

FUNDORT Tal der Könige, Theben

Spiegelkasten

Der Kasten hat die Form der Hieroglyphe „Anch", die „ewiges Leben" bedeutet. Der Skarabäus verkörpert Tutanchamuns Namen. Der Spiegel, der sich im Kasten befand, wurde bereits im Altertum gestohlen.

HERGESTELLT FÜR
Tutanchamun

ZEIT 19. Dynastie, Neues Reich

GRÖSSE 27 cm hoch

FUNDORT Tal der Könige, Theben

Pektorale

Dieses Pektorale (ein Schmuckstück, das auf der Brust getragen wurde) aus dem Grabschatz Tutanchamuns zeigt den Pharao mit der Göttin Maat. Er trägt einen Helm und erhält von der Göttin ein Anch.

HERGESTELLT FÜR
Tutanchamun

ZEIT 19. Dynastie, Neues Reich

GRÖSSE 9 cm breit

FUNDORT Tal der Könige, Theben

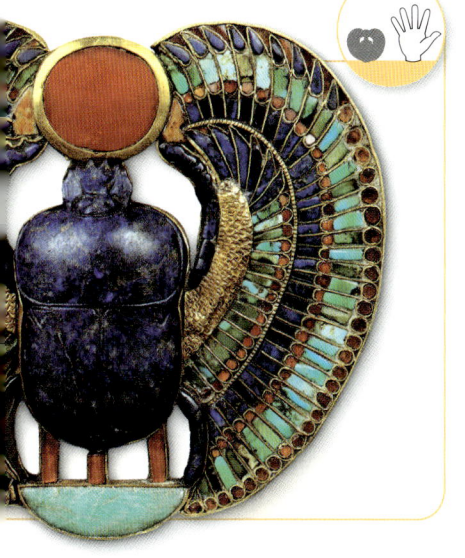

Goldschrein

Die Seitenwände dieses vergoldeten Holzschreins sind mit Abbildungen von Tutanchamun und Königin Anchesenamun verziert. Er enthielt ursprünglich eine Statue, die aber im Altertum von Grabräubern gestohlen wurde.

HERGESTELLT FÜR
Tutanchamun

ZEIT 19. Dynastie, Neues Reich

GRÖSSE
50,5 cm hoch

FUNDORT Tal der Könige, Theben

Monumente

Außer Pyramiden und Gräbern bauten die Ägypter auch Monumente zu Ehren ihrer Herrscher und Götter. Als Baumaterial dienten Kalkstein und Granit, die reichlich vorhanden waren. Ägyptische Künstler schufen daraus riesige Skulpturen, wie die Große Sphinx oder die Memnonkolosse, die heute noch erhalten sind.

Große Sphinx

Seit über 4500 Jahren bewacht die Sphinx die Cheops-Pyramide in Giseh. Sie wurde aus einem riesigen Kalksteinfelsen gehauen und ist die größte noch erhaltene frei stehende Skulptur des Altertums. Sie hat den Körper eines Löwen und den Kopf eines Pharao.

GEWIDMET	Cheops
BAUZEIT	2558–2532 v. Chr. (4. Dynastie, Altes Reich)
GRÖSSE	20 m hoch
ORT	Giseh

Kalkstein, durch Wind, Sand und Umweltverschmutzung verwittert

Alabastersphinx von Memphis

Die Alabastersphinx von Memphis ist zwar viel kleiner als die Große Sphinx in Giseh, aber dennoch sehr eindrucksvoll. Sie besteht aus dem Mineral Kalzit und wiegt etwa 80 Tonnen. Damit ist sie die größte Kalzitstatue, die je gefunden wurde.

GEWIDMET Hatschepsut
BAUZEIT 1473–1458 v. Chr.
(18. Dynastie, Neues Reich)
GRÖSSE 8 m hoch
ORT Memphis

Memnonkolosse

Am westlichen Ufer des Nils stehen die beiden Memnonkolosse. Sie bewachten den Tempel von Amenhotep III., allerdings wurde dieser von nachfolgenden Pharaonen geplündert und schließlich ganz zerstört. Die Statuen stellen den sitzenden Amenhotep III. dar. Seine Hände ruhen auf den Knien, sein Blick geht nach Osten zur aufgehenden Sonne.

Die Gesichter der Statuen zerfielen im Lauf der Zeit.

GEWIDMET Amenhotep III.
BAUZEIT 1390–1352 v. Chr.
(18. Dynastie, Neues Reich)
GRÖSSE 18 m hoch
ORT Theben

Sitzende Kolossalstatue von Ramses II.

Diese Statue von Pharao Ramses II. steht im Tempel von Luxor. Sie ist aus Granit und wurde zu Ehren seines Siegs über die Hethiter 1274 v. Chr. in der Schlacht von Kadesch angefertigt.

GEWIDMET Ramses II.
BAUZEIT 1279–1213 v. Chr. (18. Dynastie, Neues Reich)
GRÖSSE 8 m hoch
ORT Tempel von Luxor

Pavianstatue

Paviane waren die heiligen Tiere von Thot, dem Gott der Weisheit. Diese große Statue ist eine von vier Pavianstatuen, die Pharao Amenhotep III. im Thot-Tempel in Hermopolis aufstellen ließ.

GEWIDMET Thot
BAUZEIT 1390–1352 v. Chr. (18. Dynastie, Neues Reich)
GRÖSSE 4,5 m hoch
ORT Hermopolis

Criosphinx

Pyramidion

Personen, die sich keine echte Pyramide für ihre Verstorbenen leisten konnten, ließen oft ein Pyramidion neben deren Gräbern aufstellen. Dieses hier ist aus Sandstein und wurde für einen Arbeiter namens Hornefer angefertigt. Die Hieroglyphen auf den Seiten sind Gebete an den Sonnengott Re und an andere Götter.

GEWIDMET Re
BAUZEIT 19. Dynastie, Neues Reich
GRÖSSE 40 cm
ORT Deir el-Medina

Kleopatras Nadel

Pharao Thutmosis III. ließ diesen 240 Tonnen schweren Granitobelisk in Heliopolis aufstellen. Fast 200 Jahre später fügte Ramses II. die Inschriften zu Ehren seiner militärischen Siege hinzu. 1877 machte die ägyptische Regierung ihn den USA zum Geschenk, wo er den Namen Kleopatras Nadel erhielt. Zwei weitere Obelisken befinden sich in London und Paris.

GEWIDMET Horus
BAUZEIT 1450 v. Chr. (18. Dynastie, Mittleres Reich
GRÖSSE 21 m hoch
ORT Heliopolis, seit 1877 in New York (USA)

Der Südeingang des Tempels von Karnak wird auf beiden Seiten von einer Reihe von Statuen flankiert, den sogenannten Criosphingen. Sie haben den Körper eines Löwen und den Kopf eines Widders. Die Figur zwischen den Pranken dieser Criosphinx stellt wahrscheinlich Amenhotep III. dar.

GEWIDMET Amun
BAUZEIT Mittleres Reich bis Ptolemäerzeit
GRÖSSE 1,2 m hoch
ORT Tempel von Karnak

Auch wenn der Obelisk heute Kleopatras Nadel heißt, wurde er bereits über 1000 Jahre vor der Geburt Kleopatras errichtet.

Die Sphinx soll der Legende nach Thutmosis IV. im Traum versprochen haben, ihn zum **König über Ägypten** zu machen, wenn er den Sand wegräumte, der sie bedeckte.

GROSSE SPHINX
Die Große Sphinx soll wahrscheinlich eine Form des Gottes Horus sein, der den Pharao beschützt. Als Thutmosis IV. den Thron bestieg, ließ er zwischen ihren Pfoten eine Tafel, die sogenannte Traumstele, errichten. Auf ihr wird erzählt, wie die Sphinx ihn zum Herrscher über Ägypten machte.

Religion

Die Ägypter beteten Hunderte von Göttern und Göttinnen an. Viele davon hatten Tiergestalt, aber die mächtigsten wurden immer von der Sonnenscheibe verkörpert. Die Tempel stellten das Heim der Götter dar und die Priester, die darin lebten, waren deren Diener. Hier sind der widderköpfige Gott Khnum sowie die Göttinnen Hathor und Maat mit Sonnenscheiben auf den Köpfen dargestellt.

ISIS-KNOTEN
Amulette sollten das Böse fernhalten. Dieses hat die Form eines Knotens und wird der Göttin Isis zugeordnet. Man legte es Mumien als Schutz für ihr Leben im Jenseits an.

Mythologie

Die alten Ägypter beteten zu Hunderten von Gottheiten. In einem alten Text werden 740 von ihnen aufgelistet. Einige Götter wurden nur in manchen Regionen, andere im ganzen Reich verehrt. Alle Naturmächte wie, Wind, Regen und Sonne, galten ebenfalls als Götter.

Sonnengötter

Die alten Ägypter beteten die Sonne, vor allem in Form der Götter Aton und Re, an. Re wurde dabei mit anderen Göttern zu einer einzigen Gottheit verschmolzen, etwa zu Amun-Re und Re-Harachte.

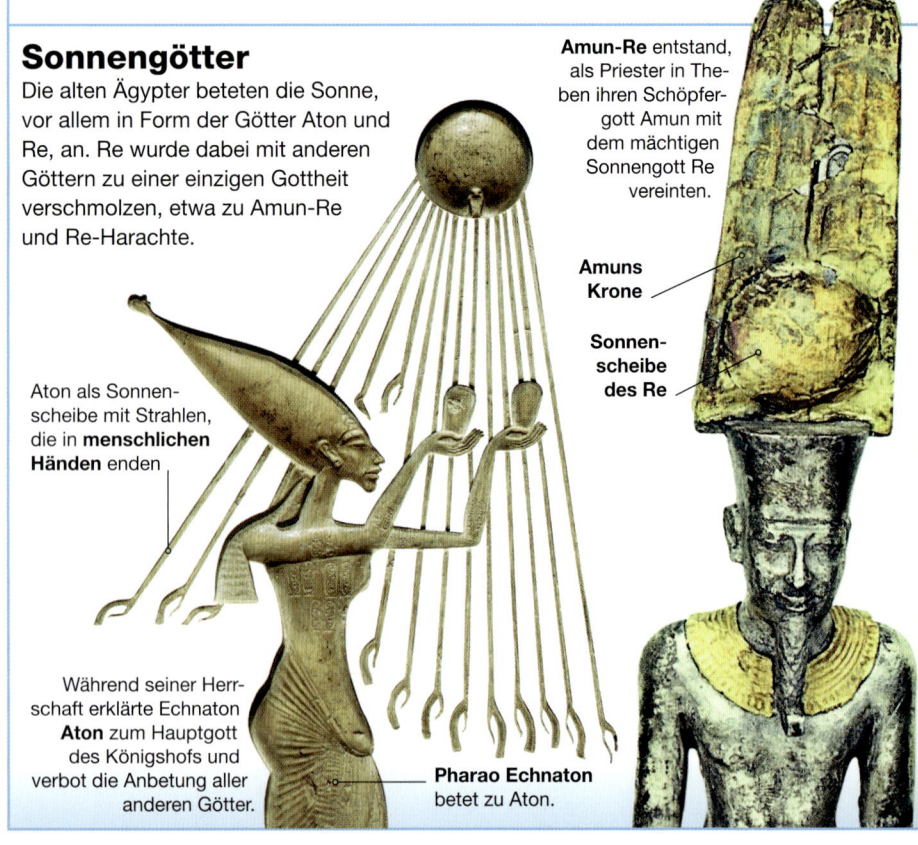

Amun-Re entstand, als Priester in Theben ihren Schöpfergott Amun mit dem mächtigen Sonnengott Re vereinten.

Amuns Krone

Sonnenscheibe des Re

Aton als Sonnenscheibe mit Strahlen, die in **menschlichen Händen** enden

Während seiner Herrschaft erklärte Echnaton **Aton** zum Hauptgott des Königshofs und verbot die Anbetung aller anderen Götter.

Pharao Echnaton betet zu Aton.

Götter-Gruppen

In den Städten wurden verschiedene Gruppen von Göttern verehrt. In Memphis war es zum Beispiel die Triade (Dreiergruppe) Ptah, Sachmet und Nefertem (rechts). In Heliopolis waren es neun Götter, die sogenannte Enneade (unten). Die Pfeile geben an, dass einige Götter die Eltern von anderen Göttern waren.

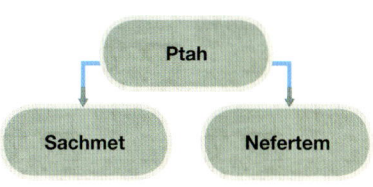

Memphis-Triade

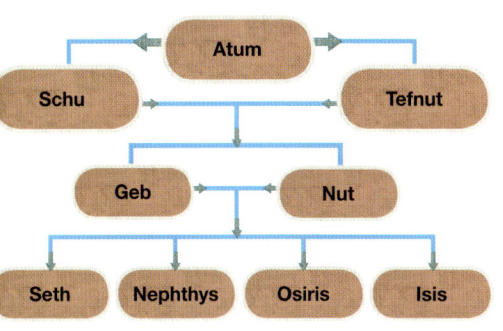

Enneade von Heliopolis

Re-Harachte war ein falkenköpfiger Sonnengott und stellte eine Version des Himmelsgottes Horus dar. Er beschützte die Pharaonen.

Sonnenscheibe des Re

Falkenkopf des Horus

Pharao als Gott

Die Ägypter glaubten, ein Pharao werde nach seinem Tod zum Gott. In vielen Darstellungen sieht man ihn deswegen mit anderen Göttern. Verstorbene Pharaonen wurden in Totentempeln angebetet.

Priester und Rituale

Die Ägypter waren sehr religiös. Sie glaubten, ihr ganzes Leben werde von den Göttern kontrolliert. Um die Götter gnädig zu stimmen und nach dem Tod ins Jenseits zu kommen, vollzogen sie bei Festlichkeiten und Ereignissen, wie Krönungen, Geburten und Beerdigungen, Rituale für die Götter.

Rolle der Priester

Priester leiteten alle religiösen Rituale an, sie beteten zu den Göttern und brachten ihnen Opfer dar. Sie überwachten auch die Mumifizierung der Toten, damit alle notwendigen Sprüche aufgesagt und die schützenden Amulette korrekt an der Mumie befestigt wurden. Die Malerei zeigt eine Frau, die dem Gott Re-Harachte Opfergaben reicht, darunter gerupftes Geflügel, Brot, Salat und einen Krug Bier.

Tierverehrung

Tierkulte waren ein wichtiger Teil der ägyptischen Religion. Der Apis-Stier war ein schwarzes Kalb mit einer körperlichen Besonderheit, etwa einem diamantförmigen weißen Fleck auf der Stirn oder einem skarabäusförmigen Zeichen unter seiner Zunge. Er wurde als Form des Osiris verehrt und an religiösen Feiertagen schön geschmückt von Priestern durch die Straßen geführt.

Orakel

Priester galten als Orakel, als Stimmen der Götter. Die Menschen kamen zu ihnen, wenn sie Rat suchten. Die Orakel befragten die Götter und gaben deren Entscheidungen bekannt. Diese Schakalmaske des Gottes Anubis wurde von einem Orakel getragen.

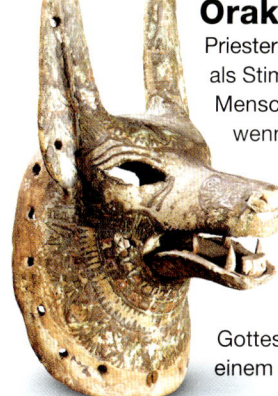

Mumien und das Jenseits

Ka-Statue von Pharao Hor

Die Ägypter glaubten an ein Jenseits, in dem sie in ihren Körpern weiterlebten. Deshalb wurden ihre Leichname als Mumien haltbar gemacht. Vor dem Eintritt ins Jenseits mussten die Toten jedoch zunächst durch die Unterwelt namens *Duat* reisen.

Formen der Seele

Dem Glauben der Ägypter nach hatte jeder Mensch zwei geistige Bestandteile: die Lebenskraft *Ka*, die durch zwei erhobene Hände verkörpert wurde, und die Seele *Ba*, deren Symbol ein Vogel mit einem Menschenkopf war.

Das Wiegen des Herzens

In der *Duat* wurden die Verstorbenen für ihre Sünden gerichtet. Der Gott Anubis wog jedes Herz auf der Waage der Gerechtigkeit. War es schwerer als eine Feder von Maat, der Göttin der Wahrheit, hatte der Mensch in seinem Leben viele Sünden begangen und durfte nicht im Jenseits wiedergeboren werden. Sein Herz wurde an die Dämonengöttin Ammut verfüttert. War das Herz leichter als die Feder, wurde der Person das ewige Leben geschenkt.

Die Kunst der Mumifizierung

Das Mumifizieren eines Leichnams war ein komplizierter Prozess, der von Priestern mit vielen Ritualen und magischen Sprüchen begleitet wurde. Der Oberpriester trug dabei die Maske von Anubis, dem schakalköpfigen Totengott (siehe unten).

Der Körper wurde mit Wasser und Salz gereinigt. Die inneren Organe wurden entnommen und in Kanopenkrüge gelegt.

Der Körper wurde mit Salzbeuteln gefüllt und musste 40 Tage lang austrocknen. Danach stopfte man ihn mit Stoff aus.

Dann wurde er mit Baumharz übergossen und mit Leinenstreifen umwickelt, ein Vorgang, der 15 Tage dauerte.

Herz — **Anubis** — **Feder von Maat** — **Ammut**

Götter und Göttinnen

Die Ägypter glaubten, dass ihre Gottheiten die Bewegungen der Sonne am Himmel, die Überschwemmungen des Nils sowie das Jenseits und die Geburt kontrollierten. Jede Stadt und jedes Dorf hatte einen eigenen Schutzgott, der oft eine höhere Stellung einnahm als die anderen Götter.

Ptah

Die Ägypter erzählten sich verschiedene Geschichten über die Entstehung der Welt. In einer davon war Ptah ihr Schöpfer. Er schuf alle anderen Götter, indem er sie sich vorstellte und ihnen Namen gab. Ptah war auch der erste Bildhauer und Töpfer, der alle Lebewesen des Universums erschuf. Oft wurde er mit einem *Was*-Zepter dargestellt, einem Stab, der mit einem Tierkopf verziert war. Ptah war Teil der Göttertriade von Memphis, denen auch Nefertem und Sachmet angehörten.

Das Was-*Zepter symbolisiert Ptahs Macht über das Chaos.*

SYMBOL Stier oder Djed-Pfeiler
NAMENSVARIANTEN Petach
ZEIT DER VEREHRUNG Altes Reich
ORT DER VEREHRUNG Memphis

Nefertem

Kopfschmuck in Form einer Lotosblüte

Die Ägypter glaubten, dass Nefertem aus einer blauen Lotosblüte geboren wurde. Er wurde in der Memphis-Triade als Sohn von Ptah und Sachmet verehrt. Amulette mit dem Symbol Nefertems, der Lotosblüte, galten als Glücksbringer.

Nefertem wurde oft mit blauer Haut dargestellt.

SYMBOL Lotosblüte

NAMENSVARIANTEN Nefertum, Nefer-Temu

ZEIT DER VEREHRUNG Altes Reich

ORT DER VEREHRUNG Memphis

Sachmet

Sachmet, die Gefährtin des Ptah, war die dritte Gottheit der Memphis-Triade. Als Kriegsgöttin kämpfte sie gegen die Feinde des Gottes Re. Sie war aber auch für den Bereich der Medizin und der Heilung zuständig.

SYMBOL Löwin

NAMENSVARIANTEN Sechmet

ZEIT DER VEREHRUNG Altes Reich

ORT DER VEREHRUNG Memphis

Schu

Der Luftgott Schu wurde durch Atums Atem erschaffen. Er war Teil der Enneade von Heliopolis, einer Gruppe aus neun Göttern. Er und seine Schwester-Gefährtin Tefnut waren die Eltern von Geb, dem Gott der Erde, und Nut, der Göttin des Himmels.

SYMBOL Straußenfeder

NAMENSVARIANTEN
Shu, Chu

ZEIT DER ANBETUNG
Altes bis Neues Reich

ORT DER ANBETUNG
Heliopolis

Tefnut

Tefnut war die Göttin der Feuchtigkeit und des Regens. Als 2200 v. Chr. in Ägypten eine große Dürre ausbrach, glaubte man, Tefnut hätte nach einem Streit mit Schu das Land verlassen und den Regen mitgenommen.

SYMBOL Löwin, Katze

NAMENSVARIANTEN
Tefnet

ZEIT DER ANBETUNG
Altes bis Neues Reich

ORT DER ANBETUNG
Heliopolis

Atum

Atum ist einer der ältesten ägyptischen Götter und der Hauptgott der Enneade von Heliopolis. Im Lauf der Zeit verschmolz er mit dem Gott Re zu der Gottheit Atum-Re. Man verehrte ihn als Schöpfer der anderen Gottheiten der Enneade.

SYMBOL Skarabäus
NAMENSVARIANTEN Tem oder Temu
ZEIT DER ANBETUNG Altes bis Neues Reich
ORT DER ANBETUNG Heliopolis

Geb und Nut

Geb und Nut waren die Götter der Erde und des Himmels. Gebs Körper war die Erde und sein Lachen löste Erdbeben aus. Nuts Körper war der Himmel und mit Sternen übersät.

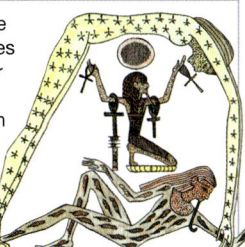

SYMBOL Mann liegt auf dem Boden (Geb) und Frau beugt sich über ihn (Nut).
NAMENSVARIANTEN Gb, Nwt
ZEIT DER ANBETUNG Altes bis Neues Reich
ORT DER ANBETUNG Heliopolis

Nephthys

Als Tochter von Geb und Nut war Nephthys die Göttin der Hilfe und des Schutzes. Sie begleitete die Toten auf deren Reise durch die Unterwelt und beschützte sie vor Gefahren.

SYMBOL Hieroglyphe für Haus und Korb
NAMENSVARIANTEN Neb-hut
ZEIT DER ANBETUNG Altes Reich
ORT DER ANBETUNG Heliopolis

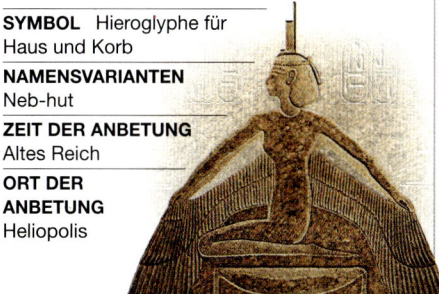

Isis

Isis, die Göttin der Familie und Teil der Enneade von Heliopolis, war die Gemahlin von Osiris und die Mutter des Horus. Als Osiris von seinem Bruder Seth getötet wurde, ließ sie ihn mit dem „Zauber des Lebens" wieder auferstehen. Sie schenkte den Zauber den Ägyptern, damit deren Tote im Jenseits weiterlebten.

SYMBOL Kuhhörner
NAMENSVARIANTEN Aset, Iset
ZEIT DER VEREHRUNG Altes Reich bis Spätzeit
ORT DER VEREHRUNG Philae

Anubis

Da sich Schakale im alten Ägypten meistens auf den Friedhöfen herumtrieben, wurde der schakalköpfige Gott Anubis mit dem Tod in Verbindung gebracht. Malereien zeigen ihn oft bei der Mumifizierung eines Leichnams oder beim Ritual des „Mundöffnens", durch das die Seele *(Ba)* in den Körper zurückkehren konnte.

SYMBOL Schakal oder Wildhund
NAMENSVARIANTEN Inpu, Anpu, Anup
ZEIT DER VEREHRUNG Altes bis Neues Reich
ORTE DER VEREHRUNG Lykopolis (heute Asyut) und Kynopolis

Seth

Seth war der Gott der Wüste, der Gewalt und des Sturms. Er hatte den Körper eines Mannes, aber den Kopf einer seltsamen Kreatur mit spitzer Schnauze. Obwohl er der Erzfeind des Königsgottes Horus war, verehrten ihn die Ägypter wegen seiner Stärke und Wildheit. Dieses Relief am Thron von Sesostris I. zeigt Seth und Horus. Seth verkörpert Unterägypten, Horus Oberägypten.

SYMBOL Seth-Tier
NAMENSVARIANTEN Set, Setech
ZEIT DER VEREHRUNG Prädynastische Zeit bis Neues Reich
ORT DER VEREHRUNG Ombos (bei Nakada)

Das Fell von Anubis war nicht braun, wie das eines Schakals, sondern schwarz. Diese Farbe war ein Symbol für Wiedergeburt.

Osiris

Der Legende nach war Osiris der erste Herrscher von Ägypten. Er wurde von Seth ermordert, der das ägyptische Reich für sich beanspruchte. Nach seinem Tod holte ihn seine Frau Isis ins Leben zurück. Danach wurde er zum Gott und Herrscher der Unterwelt. Da er selbst von den Toten auferstanden war, wurde er zum Sinnbild für Auferstehung und Unsterblichkeit.

SYMBOLE
Krummstab und Wedel

NAMENSVARIANTEN Asar

ZEIT DER VEREHRUNG
Altes Reich bis Spätzeit

ORT DER VEREHRUNG
Abydos

Horus

Der Himmelsgott Horus war der Sohn von Isis und Osiris. Er kämpfte 80 Jahre lang gegen Seth, der seinen Vater Osiris getötet hatte. Schließlich siegte er und wurde Herrscher über Ägypten.

Statue des Horus als Falke

SYMBOL Falke, Habicht

NAMENSVARIANTEN
Horos, Hor

ZEIT DER VEREHRUNG
Prädynastische Zeit bis späte Ptolemäerzeit

ORTE DER VEREHRUNG
Edfu und Hierakonpolis

MAAT
Für die Ägypter beruhte das ganze Universum auf Ordnung und Harmonie. Sonnenaufgang und -untergang, die jährliche Nilüberschwemmung und der Lauf der Sterne wurden von Maat, der Göttin der Ordnung, kontrolliert. Sie wurde oft mit Flügeln und einer Straußenfeder am Kopf dargestellt.

Die Ägypter glaubten, wenn es Maat nicht gäbe, würde die Welt **im Chaos versinken.**

Maat

Maat war die Göttin der Wahrheit, Gerechtigkeit und Ordnung. In der ägyptischen Mythologie wurde das Herz eines Verstorbenen gegen eine von Maats Federn aufgewogen. War es leichter, wurde er im Jenseits wiedergeboren.

SYMBOL Straußenfeder

NAMENSVARIANTEN Ma'at

ZEIT DER VEREHRUNG Altes Reich bis Ptolemäerzeit

ORT DER VEREHRUNG Alle Städte

Hathor

Hathor war eine wilde Kriegsgöttin aus Nubien. Später erhielt sie die Gestalt einer Löwin. Nach Horus' Geburt kam sie nach Ägypten, um für ihn zu sorgen. Sie änderte ihren Charakter, wurde sanftmütig und nahm die Gestalt einer Kuh an.

SYMBOL Kuh

NAMENSVARIANTEN Keine

ZEIT DER VEREHRUNG Altes Reich bis Ptolemäerzeit

ORT DER VEREHRUNG Dendera

Chepri

Der Skarabäuskäfer stellt Mistkugeln her und rollt sie über den Boden. Die Ägypter erinnerte das an Chepri, der ihrem Glauben nach die Sonne über den Himmel schiebt. Später verschmolz dieser Gott mit Re und verkörperte die aufgehende Sonne.

SYMBOL Skarabäus

NAMENSVARIANTEN Cheper, Khepera, Chepre

ZEIT DER VEREHRUNG Neues Reich

ORT DER VEREHRUNG Heliopolis

Wadjet

In der prädynastischen Zeit war Wadjet die Schutzgöttin von Unterägypten. Später verschmolz sie mit der Katzengöttin Bastet und wurde mit dem Kopf einer Löwin dargestellt.

SYMBOL Kobra

NAMENSVARIANTEN Wadjit, Buto

ZEIT DER VEREHRUNG Prädynastische Zeit bis Spätzeit

ORT DER VEREHRUNG Per-Wadjet

Re

Der Sonnengott Re war einer der beliebtesten Götter im alten Ägypten. Er trug das Symbol der Sonnenscheibe. An vielen Orten wurde er mit anderen Göttern zu einer mächtigen Gottheit verschmolzen. Eine davon war Re-Harachte, eine Kombination aus Re und dem Himmelsgott Horus.

Re-Harachte hält ein Anch, das Symbol des ewigen Lebens.

SYMBOL Sonne

NAMENSVARIANTEN Ra

ZEIT DER VEREHRUNG Prädynastische Zeit bis Neues Reich

ORT DER VEREHRUNG Heliopolis

Isis überlistete Re, ihr seinen geheimen Namen zu verraten. So konnte sie auch nach dem Tod ihres Mannes mit Horus schwanger werden.

Seschat

Als Göttin der Schrift und der Buchhaltung zeichnete Seschat auch das Leben des Pharao auf. Sie notierte seine Siege und Errungenschaften, die Kriege, die er austrug, und die Tempel, die er errichten ließ.

SYMBOL Siebenstrahliger Stern oder Blüte an einem Stab

NAMENSVARIANTEN Seschet

ZEIT DER VEREHRUNG
Seit der prädynastischen Zeit

ORT DER VEREHRUNG Überall

Sobek

Sobek wurde mit einem Krokodilkopf dargestellt. Er war der Gott der Flüsse und Seen. In seinem Tempel in Fayum lebte ein echtes Krokodil, das Petsuchos hieß. Die Leute verehrten das Tier, weil sie dachten, es sei Sobek persönlich.

SYMBOL Krokodil

NAMENSVARIANTEN
Sebek, Sobek-Re

ZEIT DER VEREHRUNG
Altes Reich bis
Ptolemäerzeit

ORT DER VEREHRUNG
Kom Ombo

Thot

Als Erfinder der Hieroglyphenschrift notierte Thot die Urteile, die über die Verstorbenen gefällt wurden. Er besaß ein Buch, das die gesamte Weisheit der Welt enthielt. Isis bat ihn um einen Spruch, der Osiris wieder zum Leben erwecken würde. Die Malerei zeigt Königin Nefertari, die Thot um eine Schreibpalette bittet.

SYMBOL Ibis oder Pavian

NAMENSALTERNATIVEN Tehut, Djehuti, Thoth

ZEIT DER VEREHRUNG Spätzeit

ORT DER VEREHRUNG Hermopolis

Amun

Amun gehörte zu einer Gruppe von acht Göttern, der sogenannten Achtheit von Hermopolis. Der Name Amun bedeutet „der Verborgene". Die Ägypter glaubten, dass er zuerst sich selbst und dann das Universum erschuf. Er galt als Gott der Luft und der Fruchtbarkeit. Diese Figur des Amun stammt aus dem Neuen Reich, als er mit dem Sonnengott Re verschmolzen und als Amun-Re in die Enneade (Neunheit) von Heliopolis aufgenommen wurde.

SYMBOL
Widder oder Gans

NAMENSVARIANTEN
Amon, Ammon

ZEIT DER VEREHRUNG
Mittleres bis Neues Reich

ORT DER VEREHRUNG
Theben

Bastet

Bastet hatte zuerst die Gestalt einer Wüstenkatze oder einer Löwin und war eine zornige Göttin. Als Tochter des Re verkörperte sie die Kraft der Sonne, die das Korn zum Reifen bringt. Um 1500 v. Chr. begannen die Ägypter Katzen als Haustiere zu zähmen. Bastet wurde von da an freundlicher dargestellt und in Gestalt einer Katze oder einer Frau mit Katzenkopf verehrt.

SYMBOL Katze

NAMENSVARIANTEN Bast

ZEIT DER VEREHRUNG Neues Reich

ORT DER VEREHRUNG Bubastis

Taweret

Taweret war die Schutzgöttin der Schwangeren. Mit ihrem Nilpferdkopf, den Gliedmaßen eines Löwen und dem Körper eines Menschen sah sie sehr seltsam aus. Manchmal wurde sie auch mit einem Krokodilschwanz dargestellt.

SYMBOL Nilpferd

NAMENSVARIANTEN Tauret, Taurt, Taueret, Thoeris, Tueris

ZEIT DER VEREHRUNG Altes Reich

ORT DER VEREHRUNG Dschabal as-Silsila

Apophis

Bes

Der zwergenwüchsige Gott Bes beschützte die Frauen und Neugeborenen. Wenn ein Baby grundlos lächelte oder lachte, hieß es, Bes habe eine lustige Grimasse gezogen.

SYMBOL
Zwergengott

NAMENSVARIANTEN
Besa

ZEIT DER VEREHRUNG
Ptolemäerzeit

ORT DER VEREHRUNG
Wohnhäuser

Aton

Während Echnatons Herrschaft wurde nur der Sonnengott Aton angebetet. Man stellte ihn als Sonnenscheibe dar, deren Strahlen in menschlichen Händen endeten. Vermutlich war er der einzige ägyptische Gott, der nicht in Gestalt eines Menschen oder eines Tiers verehrt wurde.

SYMBOL Sonnenscheibe mit Strahlen, die in menschlichen Händen enden

NAMENSVARIANTEN Keine

ZEIT DER VEREHRUNG Neues Reich

ORT DER VEREHRUNG Achet-Aton (Amarna)

Apophis, der Schlangengott des Chaos, war in der Unterwelt eingesperrt. Trotzdem kämpfte er ständig gegen den Sonnengott Re. Er griff ihn täglich an, wurde aber jedes Mal von Re besiegt. Die Malerei zeigt Re in Gestalt einer Katze, die Apophis tötet.

SYMBOL Schlange

NAMENSVARIANTEN Apep

ZEIT DER VEREHRUNG
Neues Reich

ORT DER VEREHRUNG Keiner

BELEBUNG UND BESEELUNG
Die „Mundöffnung" war ein magisches Ritual bei der Mumifizierung. Dabei wurden verschiedene Gegenstände an den Mund der Mumie gehalten, wie ein Beil (Dechsel), ein Messer und ein Rinderbein. Ein Priester, der eine Anubismaske trug, hielt die Mumie dabei fest.

Tempel

Ägyptische Tempel waren beeindruckende Bauwerke. Ihre dicken Steinmauern und Säulen wurden mit Hieroglyphen und religiösen Darstellungen reich verziert. Da der Tempel einem Gott geweiht war, durften normale Menschen nur den äußeren Hof betreten. Im düsteren Innern des Tempels vollzogen Priester heilige Rituale.

Sonnentempel des Niuserre

Pharao Niuserre ließ den Sonnentempel in der 5. Dynastie zunächst aus Lehmziegeln erbauen. Später wurde das Bauwerk noch einmal neu aus Stein errichtet. Ein steinerner Weg verbindet den Tempel mit der Pyramide des Niuserre.

GEWEIHT Re
BAUZEIT 5. Dynastie, Altes Reich
ORT Abu Gurob

Hathortempel, Abu Simbel

Der Hathortempel wurde von Ramses II. zu Ehren seiner Großen Königsgemahlin Nefertari erbaut. Dazu ließ er riesige Statuen von sich und Nefertari in eine Felswand hauen. In den Kammern des Tempels ist das Königspaar beim Darbringen von Opfergaben dargestellt.

GEWEIHT Hathor

BAUZEIT 1279–1213 v. Chr. (19. Dynastie, Neues Reich)

ORT Abu Simbel, Nubien

Tempelanlage von Karnak

In der 11. Dynastie errichtete man in Karnak einige kleine Gebäude, die lokalen Göttern geweiht waren. In der 19. Dynastie war daraus eine riesige Tempelanlage geworden, in der über 80 000 Menschen arbeiteten.

GEWEIHT Amun-Re
BAUZEIT Ab der 11. Dynastie
ORT Karnak

Statue des Amun

Tempel von Dakka

Dieser kleine Tempel wurde 220 v. Chr. von dem nubischen König Arqamani erbaut. Ptolemäische Herrscher fügten später weitere Gebäude hinzu, zum Beispiel ein Tor und eine Säulenhalle.

GEWEIHT Thoth
BAUZEIT Ptolemäerzeit
ORT Dakka

Tempel von Kom Ombo

Tempel von Luxor

Der Tempel von Luxor steht am Ostufer des Nils. Er wurde von Amenhotep III. vollendet. Ramses II. ließ weitere Bauwerke hinzufügen, wie zum Beispiel den Obelisken. Im Lauf der Jahrhunderte wurde der Tempel unter Sand begraben. So blieben die Gebäude bis zu ihrer Wiederentdeckung im Jahr 1881 gut erhalten.

GEWEIHT Amun
BAUZEIT Um 1400 v. Chr. (18.–19. Dynastie, Neues Reich)
ORT Luxor

Der Obelisk ist aus rotem Granit und wiegt über 250 Tonnen.

Der Tempel von Kom Ombo ist einzigartig, denn er war gleich zwei Göttern geweiht, Sobek und Horus. Das Gebäude hat zwei Eingänge, zwei Hallen und zwei Heiligtümer. Die linke Seite des Tempels gehörte Horus, die rechte Sobek.

GEWEIHT Sobek und Horus
BAUZEIT Ptolemäische Zeit
ORT Kom Ombo

Totentempel der Hatschepsut

Die Ägypter glaubten, dass die Pharaonen nach ihrem Tod Götter wurden. Um sie anzubeten, errichteten sie Totentempel neben ihren Gräbern. Den Tempel der Königin Hatschepsut entwarf ihr Architekt Senenmut als eindrucksvolles Bauwerk mit mehreren Terrassen, die durch Rampen miteinander verbunden sind.

GEWEIHT Amun-Re

BAUZEIT 1470 v. Chr.
(18. Dynastie, Neues Reich)

ORT Deir el-Bahari

Tempel von Derr

Der Tempel von Derr wurde im 30. Jahr der Herrschaft von Ramses II. tief in den Fels gehauen. Man nannte ihn damals „Tempel des Ramses im Haus des Re". Später verwandelten ihn Christen in eine Kirche. Dabei wurden viele Verzierungen an Wänden und Decken entfernt.

GEWEIHT Re-Harachte

BAUZEIT 19. Dynastie, Neues Reich

ORT Ostufer des Nils, Unternubien

Thutmosis III. ließ alle Erinnerungen an Hatschepsut im Tempel beseitigen und durch seinen eigenen Namen ersetzen.

Tempel von Amada

Dies ist der älteste noch existierende ägyptische Tempel in Nubien. Er wurde von Thutmosis III. und Amenhotep II. erbaut. Die Malereien und Reliefs an den Wänden zeigen die beiden Pharaonen, wie sie den Göttern opfern.

GEWEIHT Amun
BAUZEIT 18. Dynastie, Neues Reich
ORT Amada

Tempel von Wadi es-Sebua

Wadi es-Sebua bedeutet „Tal der Löwen". Der Name stammt von den Sphingen, die den Weg zum Tempel säumen. Der Tempel ist mit zwei Kolossalstatuen und vielen kleineren Statuen seines Erbauers Ramses II. geschmückt.

GEWEIHT Amun-Re
BAUZEIT 1244–1229 v. Chr. (19. Dynastie, Neues Reich)
ORT Wadi es-Sebua, Unternubien

Tempel der Hathor in Dendera

Dendera war seit prädynastischer Zeit das Zentrum des Hathorkults. Die Haupthalle des Tempels besitzt 18 Säulen. Jede davon ist mit dem Kopf der Göttin verziert.

GEWEIHT Hathor
ZEIT 2250–343 v. Chr. (6.–30. Dynastie, Altes Reich bis Spätzeit)
ORT Dendera

Tempel von Philae

Als Zentrum des Isiskults war der Tempel von Philae eine beliebte Pilgerstätte. Durch den Bau des Assuan-Staudamms um 1960 standen Teile des Tempels unter Wasser. Deshalb wurde er zwischen 1972 und 1980 abgebaut und auf der Insel Agilkia neu errichtet.

GEWEIHT Isis
ZEIT 380–362 v. Chr. (30. Dynastie, Spätzeit)
ORT Insel Agilkia, in der Nähe von Assuan

Deir el-Schelwit

Dieser kleine Tempel wurde erbaut, als Ägypten zum Römischen Reich gehörte. Für die Mauern verwendete man Steine von Bauwerken aus der Zeit des Neuen Reichs.

GEWEIHT Isis
ZEIT 1. Jahrhundert n. Chr.
ORT Luxor

Tempel von Gerf Hussein

Setau, der Vizekönig von Nubien, ließ diesen Tempel erbauen. Man nannte ihn Per Ptah, das Haus des Ptah. Die Halle ist mit Statuen von Ramses II. geschmückt.

GEWEIHT Ptah und Hathor

ZEIT 1279–1213 v. Chr.
(19. Dynastie, Neues Reich)

ORT Erbaut in Unternubien, später wegen des Baus des Assuan-Staudamms an einen Ort bei Assuan verlegt

Statue von Ramses II. mit Krummstab und Wedel

Kleiner Aton-Tempel

Echnaton ließ den kleinen Aton-Tempel in seiner Stadt Achet-Aton errichten. Wie fast die ganze Stadt wurde er aus Lehmziegeln, Sandstein und Kalkputz erbaut.

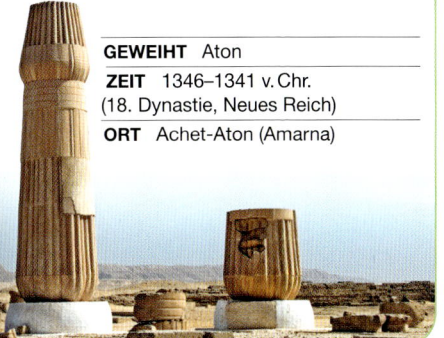

GEWEIHT Aton

ZEIT 1346–1341 v. Chr.
(18. Dynastie, Neues Reich)

ORT Achet-Aton (Amarna)

Heilige Artefakte

Im alten Ägypten durften nur Priester und Könige die Räume und Schreine im Innern des Tempels betreten. Sie hielten Rituale zu Ehren der Götter ab. Die dabei verwendeten Gegenstände galten als heilig. Oft verkörperten sie eine Gottheit.

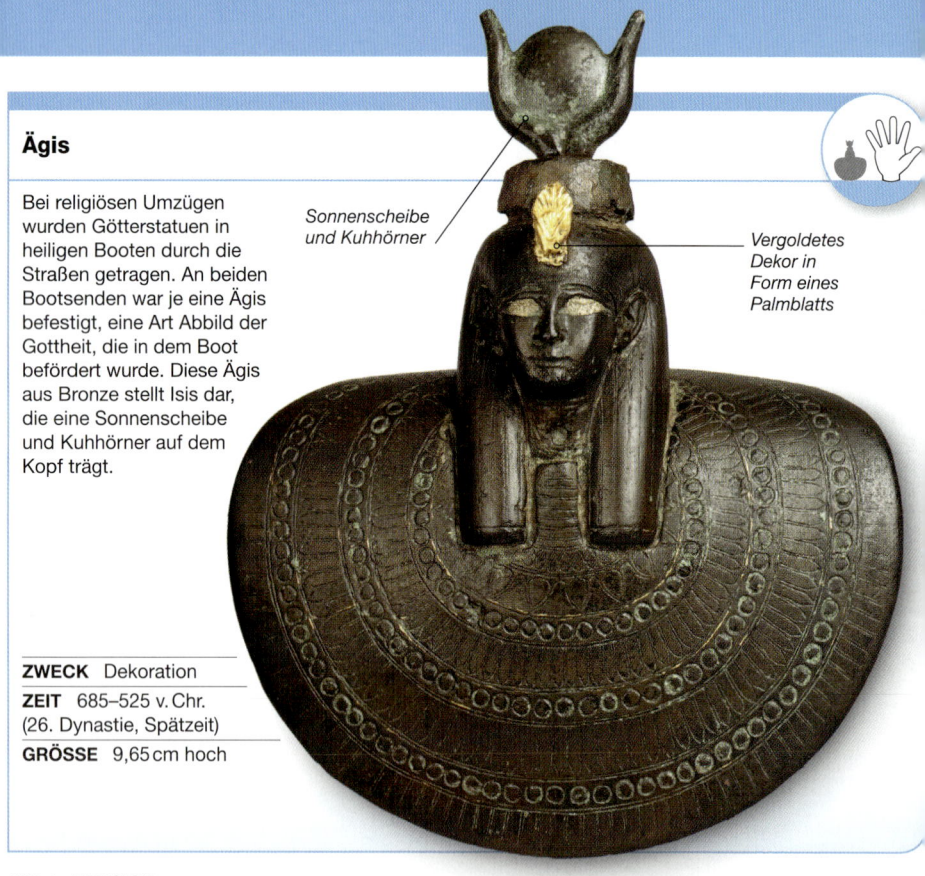

Ägis

Bei religiösen Umzügen wurden Götterstatuen in heiligen Booten durch die Straßen getragen. An beiden Bootsenden war je eine Ägis befestigt, eine Art Abbild der Gottheit, die in dem Boot befördert wurde. Diese Ägis aus Bronze stellt Isis dar, die eine Sonnenscheibe und Kuhhörner auf dem Kopf trägt.

Sonnenscheibe und Kuhhörner

Vergoldetes Dekor in Form eines Palmblatts

ZWECK Dekoration
ZEIT 685–525 v. Chr. (26. Dynastie, Spätzeit)
GRÖSSE 9,65 cm hoch

Stangenverzierung

Ägyptische Priester trugen bei Prozessionen Fahnen oder Stangen durch die Tempel. Davon sind heute nur noch die Verzierungen an der Stangenspitze erhalten. Diese hier ist aus Kupfer und stellt Horus dar. Er trägt die Doppelkrone von Ober- und Unterägypten.

ZWECK Prozessionen
ZEIT 685–525 v. Chr. (26. Dynastie, Spätzeit)
GRÖSSE 18,5 cm hoch

Situla

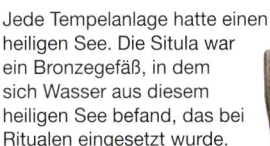

Jede Tempelanlage hatte einen heiligen See. Die Situla war ein Bronzegefäß, in dem sich Wasser aus diesem heiligen See befand, das bei Ritualen eingesetzt wurde.

Verziert mit Darstellungen von Göttern und Pharaonen

ZWECK Wassergefäß
ZEIT Spätzeit
GRÖSSE 25 cm hoch

Kult-Spiegel

Der Tempel galt als Haus der Götter. Daher gab es darin Alltagsgegenstände, wie etwa Spiegel, die die Götter benutzen konnten. Dies ist der Kultspiegel des Mondgottes Chons. Die Spiegelfläche ist mit religiösen Symbolen verziert.

ZWECK Spiegel für Gottheit
ZEIT Neues Reich
GRÖSSE 37 cm lang

Horus-Auge

Chons Mutter Mut erhält Opfergaben von einem Priester.

Kopf von Chons am Spiegelgriff

HEILIGE ARTEFAKTE I 107

Korn-Mumie

Für die alten Ägypter war die Entwicklung einer Pflanze aus einem Samenkorn ein Symbol für Auferstehung und Wiedergeburt. Zum jährlichen Osiris-Fest fertigten sie kleine Mumien aus Lehm, Sand und Getreidekörnern an. Diese wurden in Särgen als Opfergaben für Osiris, dem Gott der Auferstehung, in die Gräber gelegt.

Sargdeckel, mit Darstellungen von Göttern verziert

ZWECK Opfergabe
ZEIT Römerzeit
GRÖSSE 56 cm hoch

Ibis-Mumie

In diesem Gefäß befindet sich die Mumie eines Ibis. Die Vögel galten als heilige Tiere des Thot. Die Ägypter zahlten Geld für solche Mumien, um sie Thot als Opfer darbieten zu können.

ZWECK Tier-Sarg
ZEIT Römerzeit
GRÖSSE 34 cm lang

Füße aus Bronze

Krokodil-Mumie

Das Krokodil war das Symbol des Flussgottes Sobek. In seinen Tempeln wurden sogar Krokodile gehalten. Sie wurden mit bestem Fleisch und Wein gefüttert. Wenn ein Krokodil starb, wurde es mumifiziert und als Opfergabe für Sobek bestattet.

Schilf-Polster, um die Krokodilform zu erhalten

Auf einem Tierfriedhof in Tuna el-Gebel fand man vier Millionen Ibis-Mumien.

Katzen-Mumie

Katzen waren die heiligen Tiere der Göttin Bastet und wurden in deren Tempeln gehalten. Wenn sie starben, mumifizierte man sie und legte sie in katzenförmige Särge. Tempelbesucher konnten die Särge kaufen und als Opfergabe verbrennen.

ZWECK Opfergabe
ZEIT Römerzeit
GRÖSSE 46 cm hoch

ZWECK Opfergabe
ZEIT Römerzeit
GRÖSSE 94 cm lang

Form der Krokodilaugen ist durch die Binden erkennbar.

Statuette des Apis-Stiers

Der Apis-Stier wurde als Verkörperung des Osiris verehrt. Wenn ein Apis-Stier starb, wurde er einbalsamiert und in einem Steinsarkophag in einem Tempel, dem Serapeum, bestattet. Seine Anbeter brachten ihm kleine Skulpturen, wie diese hier, als Opfer dar.

Sonnenscheibe zwischen den Hörnern

ZWECK Opfergabe
ZEIT Ptolemäerzeit
GRÖSSE 14 cm lang

HEILIGE ARTEFAKTE

RETTUNGSMASSNAHMEN
Um den Tempel von Philae vor Überflutung zu retten, errichtete man einen Damm um die Insel und pumpte das Wasser im Innern ab. Dann wurde der Tempel abgebaut und auf der Insel Agilkia aufgestellt, wobei Agilkia so verändert wurde, dass es aussieht wie Philae.

Der Tempel von Philae wurde in 40 000 Blöcke zerlegt, die insgesamt etwa 20 000 Tonnen wogen.

Alltagsleben

Das Leben der Ägypter war eng mit dem Nil verbunden. Bauern pflanzten auf seinen Schwemmebenen Weizen, Gerste, Obst und Gemüse an. Aus dem Lehm im Fluss wurden Haushaltsgegenstände, wie Töpfe und Löffel, hergestellt. Die reichen Leute gingen gern am Nilufer auf die Jagd, wie man an der Grabmalerei links sieht. Sie zeigt einen Adligen und seine Familie bei der Vogeljagd.

TERRAKOTTA-FLASCHE
Terrakotta (hart gebrannter Lehm) war in Ägypten weitverbreitet. Diese Flasche ist wie eine Mutter mit Baby geformt. Sie diente zur Aufbewahrung von Milch.

Alltag

Die meisten Ägypter waren Bauern oder Handwerker. In ihrer Freizeit musizierten sie oder spielten Brettspiele. Sie trugen Kleidung aus Leinen und Make-up, das sie aus Mineralien herstellten.

Handwerker

Die alten Ägypter kannten viele Werkzeuge, wie Bohrer, Äxte und Meißel. Die Handwerker schufen aus Holz, Gold, Silber und Fayence wunderschöne Gegenstände.

Zimmerleute benutzten Säge, Meißel und Hammer.

Modell einer Werkstatt, gefunden in einem Grab

Ackerbau

Die Grabmalerei links zeigt einen Bauern, der mit der Sichel Getreide schneidet. Danach wurde es gereinigt und in einem Kornspeicher aus Lehmziegeln gelagert.

Teich mit Enten und Fischen

Der Garten eines reichen Ägypters

Wohnen

Die Häuser waren aus Lehmziegeln gebaut mit schmalen Fenstern, damit die Hitze nicht eindrang. Reiche Familien wohnten in prächtigen Villen mit Gärten, ärmere Leute lebten in einfachen Hütten.

Jagd

Dieser Schild zeigt Pharao Tutanchamun, der zwei Löwen jagt und tötet. Könige und Adlige liebten die Jagd, denn so konnten sie Stärke zeigen und Mut beweisen.

Häusliches Leben

Die Häuser der alten Ägypter bestanden aus Lehmziegeln. Bei den Bauern arbeiteten Männer und Frauen auf dem Feld. In reicheren Familien blieben die Frauen zu Hause und die Männer arbeiteten als Händler oder Beamte.

IM DETAIL: ESSEN
Zu einer ägyptischen Mahlzeit gehörten Brot und Gemüse sowie Bier oder Wein.

Modell eines Brotbäckers

Brot war ein wichtiges Nahrungsmittel der Ägypter. Die Herstellung war jedoch anstrengend. Man musste das Getreide auf dem Boden stundenlang zu Mehl mahlen, wie das Modell zeigt. Dabei gelangten Schmutz und Sand ins Mehl. Diese machten das Brot hart und körnig, was Schäden an den Zähnen verursachte.

ZEIT
Mittleres Reich

GRÖSSE 42,5 cm

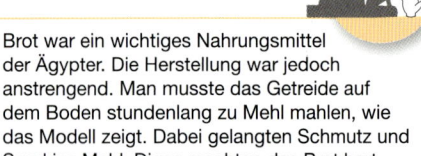

Modell eines ägyptischen Hauses

Modelle von Häusern, sogenannte Seelenhäuser, wurden in Gräber gelegt, damit der Verstorbene im Jenseits eine Unterkunft hatte. Dieses Modell hier gehörte einer armen Familie. In dem ummauerten Hof liegt Nahrung in Form von Broten und Fleisch.

ZEIT
12. Dynastie, Mittleres Reich

GRÖSSE
40,6 cm lang

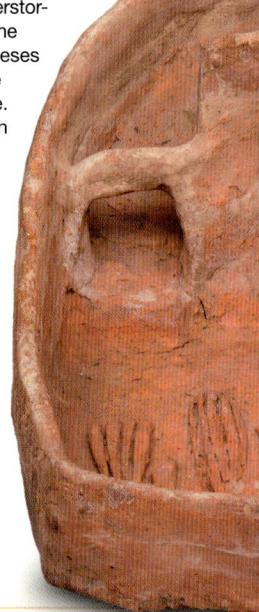

◀ Zu jeder Mahlzeit gab es Brot, das aus Weizen, Gerste und Feigen bestand.

▲ Die Dattelpalme galt als heilig. Ihre Früchte wurden als Beigabe in Gräber gelegt.

▲ Feigen wurden gegessen oder zu Wein verarbeitet.

Weinkrug

Im alten Ägypten trank jeder Bier. Wein wurde nur bei religiösen Anlässen oder von den Reichen getrunken. Dieser Weinkrug gehörte wahrscheinlich einer reichen Familie. Wegen seines schmalen Fußes muss er in einem Gestell gestanden haben oder er wurde von einem Diener gehalten.

ZEIT 21. Dynastie, Dritte Zwischenzeit

GRÖSSE 23,5 cm lang

Kleidung und Stoff

Die Kleidung der alten Ägypter war aus Leinen. Die Männer trugen einen kurzen Rock oder Schurz sowie einen Umhang um die Schultern. Die Kleider der Frauen waren lang und eng. Beide Geschlechter trugen Perücken.

Perücke

Bei religiösen Zeremonien und öffentlichen Anlässen wurden Perücken getragen. Diese hier ist aus Menschenhaar. Sie hat 300 Strähnen, die je aus 400 Haaren bestehen. Die helleren Locken oben wurden mit Bienenwachs und Harz gefestigt.

ZEIT 18. Dynastie, Neues Reich
GRÖSSE 49,5 cm lang

Leinenstoff

Die Auswahl an Leinen reichte von den groben Stoffen der Armen bis hin zur feinsten Gaze, die von der Königsfamilie getragen wurde. Dieses Stoffstück ist mit Leinenfäden bestickt.

ZEIT Mittleres Reich
GRÖSSE 10 cm lang

Spindel

Mit Spindeln spann man Fasern zu Fäden, die dann auf einem Webstuhl zu Stoffen verarbeitet wurden. Diese Spindel hatte einen Stein als Gewicht, auch Wirtel genannt.

ZEIT Mittleres Reich
GRÖSSE 37 cm lang

Faserstränge wurden um die Spindel gedreht.

Wirtel aus Stein

Ledersandalen

Die Ägypter gingen normalerweise barfuß. Schuhe trugen sie nur zu besonderen Anlässen. Die Sandalen der Armen waren aus Papyrusschilf, die der Reichen aus Leder oder Holz. Diese Sandalen stammen aus dem Grab von Tutanchamun. Sie wurden aus Holz gefertigt und mit Leder und Blattgold verziert.

Bildnis eines Feinds

Auf die Innensohlen wurden Bilder von Feinden gemalt, auf die der Pharao bei jedem Schritt trat.

ZEIT 18. Dynastie, Neues Reich

GRÖSSE 28 cm lang

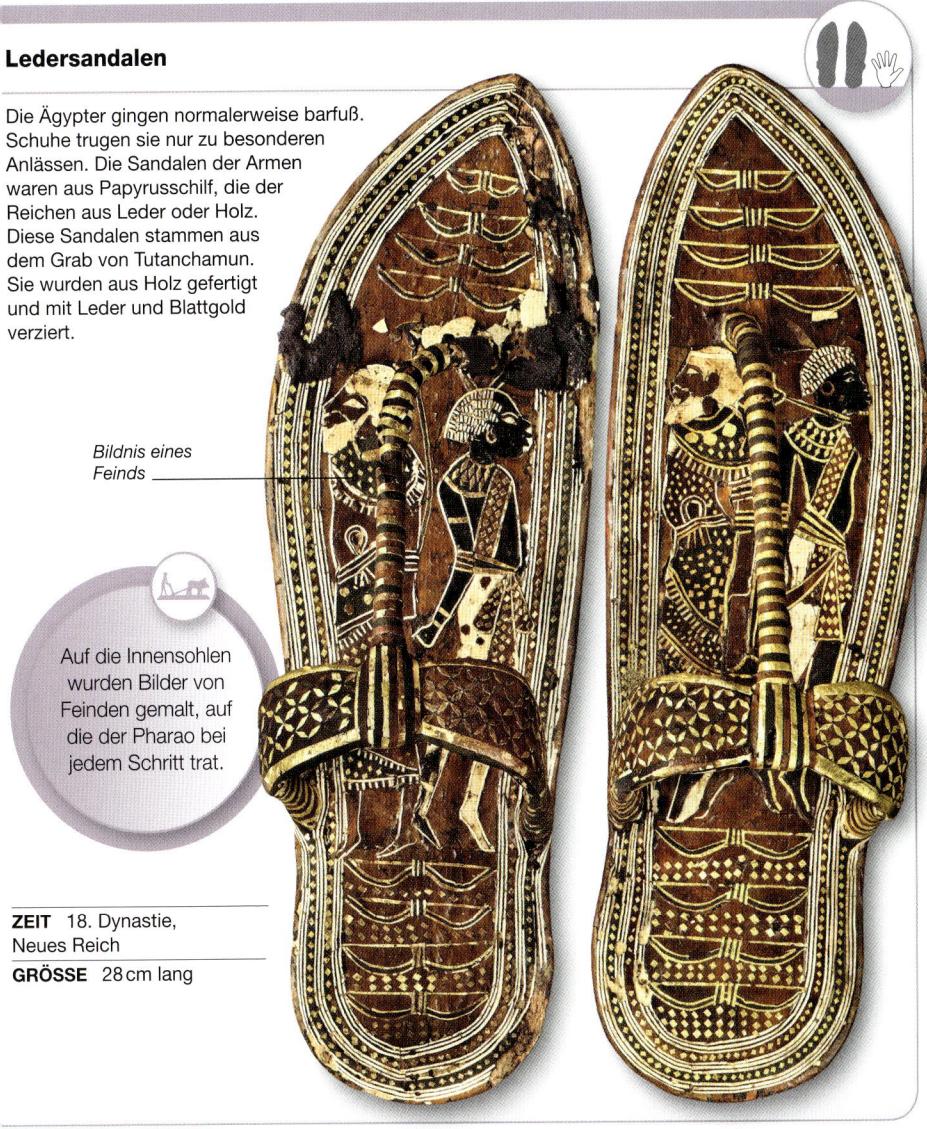

Spiele und Spielzeug

Ägyptische Kinder spielten, genau wie die Kinder heute, mit Bällen, Puppen und Spielzeugtieren. Erwachsene mochten Brettspiele, wie Senet und Mehen. Tutanchamun liebte Senet so sehr, dass man ihm vier Exemplare des Brettspiels fürs Jenseits mit ins Grab legte.

Mehen (Schlangenspiel)

Dies ist eines der ältesten ägyptischen Brettspiele für mehrere Spieler. Das Brett hatte die Form einer eingerollten Schlange. Sie repräsentierte den Gott Mehen, der den Sonnengott Re vor Feinden schützte. Die Spieler starteten an der Schwanzspitze und bewegten ihre Figuren auf den eckigen Feldern bis zur Mitte. Manchmal waren in die Spielsteine die Namen der ersten Pharaonen eingeritzt.

ZEIT Frühdynastische Zeit, Altes Reich

GRÖSSE 37 cm breit

Hieroglyphe mit dem Namen des Pharao

Wer als Erster in der Mitte ankam, gewann das Spiel.

120 | ALLTAGSLEBEN

Spielzeugmaus

Die alten Ägypter stellten Spielzeug aus verschiedenen Materialien, wie Holz, Knochen, Elfenbein, Ton und Stein, her. Meist wurden Alltagsgegenstände, Menschen und Tiere nachgebildet. Am Schwanz dieser Holzmaus war eine Schnur befestigt. Wenn man daran zog, hob und senkte sich der Schwanz.

ZEIT Neues Reich
GRÖSSE 7,5 cm (mit Schwanz)

Wurfstäbe

Wurfstäbe wurden im alten Ägypten anstelle von Würfeln verwendet. Sie waren aus Holz, Schilf, Knochen oder Elfenbein und mit verschiedenen Farben bemalt.

ZEIT 1500–1069 v. Chr. (18.–20. Dynastie, Neues Reich)
GRÖSSE 18 cm lang

Senet

Das Senet-Spiel symbolisierte den Kampf eines Menschen gegen die Mächte des Bösen, die ihn davon abhalten wollen, in das Reich des Osiris zu gelangen. Das Brett hatte 30 Spielfelder. Einige galten als „gefährlich", wenn man darauf landete, andere brachten Glück.

ZEIT 1400–1200 v. Chr. (18.–20. Dynastie, Neues Reich)
GRÖSSE 28 cm lang

Spielstein

Bemaltes Spielzeugpferd

Im alten Ägypten besaßen nur die Reichen Pferde. Oft wurden die kostbaren Tiere anderen Herrschern zum Geschenk gemacht. Dieses Holzpferd konnte man an einer Schnur, die durch ein Loch am Maul gefädelt werden konnte, hinter sich herziehen.

ZEIT Römerzeit
GRÖSSE 11 cm lang

Aufgemalter Sattel

Rad aus Holz

Hunde und Schakale

Dieses Spiel war genauso beliebt wie Mehen und Senet. Das Ziel war, vor dem anderen Spieler eine Runde auf dem Spielbrett zu vollenden. Das abgebildete Spielbrett hat die Form eines Nilpferds.

ZEIT 525–332 v. Chr.
(27.–30. Dynastie, Spätzeit)
GRÖSSE
21,5 cm lang

Katze aus Holz

Dieses Holzspielzeug hat ganz grob die Gestalt einer Katze. Zog man an der Schnur, bewegte sich ihr Kiefer auf und ab. Die Zähne sind aus Bronze und die Augen aus Bergkristall.

Bemalte Bälle

Diese Bälle sind aus Leinen, das mit Schilf verstärkt wurde. Sie waren ursprünglich mit Samen oder Tonkügelchen gefüllt und rasselten, wenn man sie warf oder fing.

ZEIT Römerzeit
GRÖSSE 6,6 cm breit

Puppe aus Holz

Puppen waren im alten Ägypten aus Holz, Ton, Elfenbein, Leinen oder Papyrus. Das Haar dieser Holzpuppe besteht aus Tonperlen, die auf Schnüre aufgefädelt sind. Man weiß nicht genau, ob solche Puppen nur Spielzeug waren oder auch als Begleiter für das Jenseits ins Grab gelegt wurden.

ZEIT Erste Zwischenzeit bis Mittleres Reich
GRÖSSE 19,1 cm lang

Aufgemaltes Kleid mit roten, gelben und schwarzen Quadraten

ZEIT Neues Reich
GRÖSSE 11,7 cm lang

SPIELE UND SPIELZEUG | **123**

Musik

Musik war bei Feiern, Zeremonien und auch im Alltag sehr bedeutend. Adlige Frauen spielten Harfe, um ihre Ehemänner zu unterhalten. Bauern sangen ihren Rindern etwas vor, damit diese besser arbeiteten.

IM DETAIL: MUSIKER
In allen Schichten der ägyptischen Gesellschaft gab es Berufsmusiker.

Sistrum

Das Sistrum wurde vor allem der Göttin Hathor zugeordnet. Adlige Frauen und Priesterinnen trugen es bei religiösen Zeremonien. Wenn man das Sistrum schüttelte, verursachten die kleinen Metallringe auf den Querstäben ein rasselndes Geräusch.

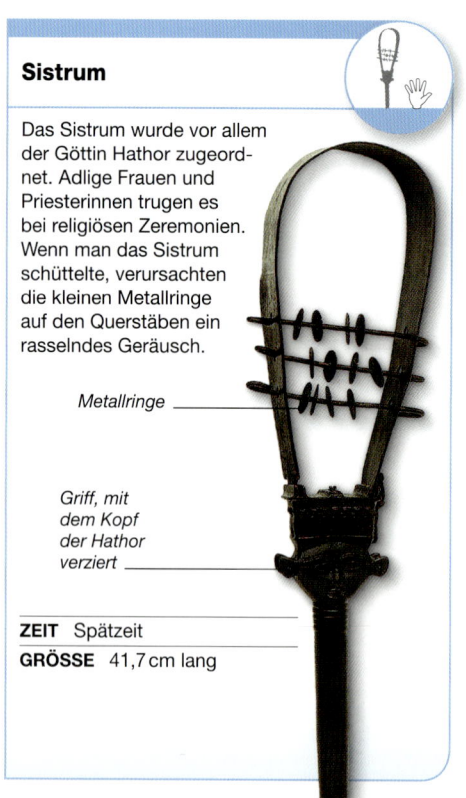

Metallringe

Griff, mit dem Kopf der Hathor verziert

ZEIT Spätzeit
GRÖSSE 41,7 cm lang

Harfe

Harfen gab es in vielen Größen und Formen. Auch die Anzahl der Saiten war unterschiedlich. Diese Harfe hat fünf Saiten und wurde im Grab eines Ägypters namens Ani gefunden. Weil sie mit einer Pharaonenfigur verziert ist, nimmt man an, dass Ani ein Hofmusiker war.

Kopf des Horus

Wirbel zum Stimmen der Saiten

ZEIT Neues Reich
GRÖSSE 97 cm Gesamtlänge

◀ Dieses Bild zeigt ägyptische Musiker, die Harfe, Laute, Doppeloboe und Leier spielen. Von allen Musikern genossen die Tempelmusiker das höchste Ansehen. Meist handelte es sich dabei um Frauen, die man *Schemajet* („Musikerinnen") nannte. Zu den Musikern am Königshof gehörten auch Sänger. Außerdem gab es die fahrenden Musiker, die in Gruppen umherreisten und bei Feiern spielten.

Der Korpus der Harfe endet in einer Pharaonenfigur mit Nemes-Kopftuch.

Klappern

Klappern wurden im alten Ägypten so verwendet wie Kastagnetten. Man hielt sie in einer Hand und schlug sie aufeinander. Diese Klappern aus Knochen und Elfenbein wurden durch ein Stück Schnur zusammengehalten.

ZEIT 1991–1902 v. Chr. (12. Dynastie, Mittleres Reich)

GRÖSSE 17 cm lang

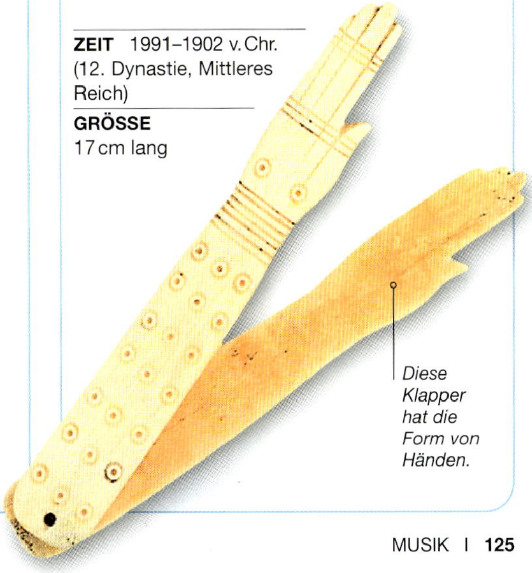

Diese Klapper hat die Form von Händen.

Jagd und Fischfang

Ackerbau und Viehzucht lieferten genug Nahrung, deshalb wurde die Jagd nur als Sport betrieben. Die Ägypter jagten wilde Stiere, Gazellen, Löwen, Krokodile, Nilpferde und Vögel. Dagegen diente der Fischfang sowohl dem Freizeitvergnügen als auch der Nahrungsbeschaffung.

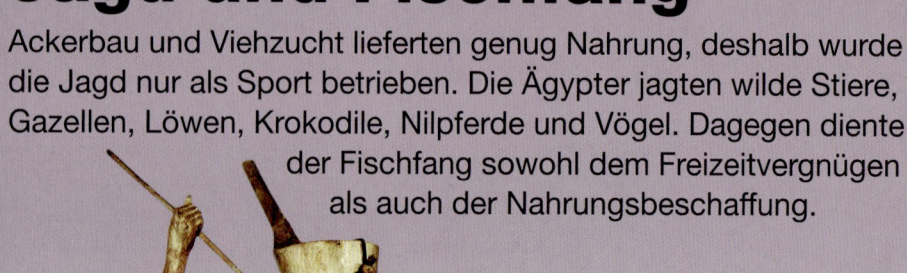

Modell von Tutanchamun mit Harpune

Diese Statue befand sich unter den vielen Schätzen, die man 1922 in Tutanchamuns Grab fand. Der Pharao steht auf einem Floß aus Papyrusschilf und jagt ein Nilpferd. In der einen Hand hält er einen Speer oder eine Harpune, in der anderen ein zusammengerolltes Seil aus Bronze. Im Mittleren Reich war das Nilpferd das Symbol von Seth, dem Gott des Chaos. Indem Tutanchamun Jagd auf das Nilpferd macht, stellt er die Ordnung im Universum wieder her.

ZEIT 1340 v. Chr. (18. Dynastie, Mittleres Reich)

GRÖSSE 75,5 cm hoch

Plissierter Rock

Floß aus zusammengebundenem Papyrusschilf

Pfeil

Die alten Ägypter waren gute Bogenschützen. Sie fertigten Pfeile aus Schilf mit Spitzen aus Elfenbein, Bronze, Flintstein, Obsidian oder Metall. Diese scharfe Pfeilspitze aus Bronze konnte die Haut eines Tiers durchdringen und es schwer verletzen.

ZEIT Spätzeit
GRÖSSE 10,6 cm lang

Durch die Haken ließ sich die Spitze nur schwer entfernen.

Wurfstock

Diese Wurfstöcke in der Form eines Bumerangs wurden bei der Jagd auf Wildvögel eingesetzt. Der Jäger drang mit einem Boot ins Schilf ein, in dem die Vögel nisteten. Sobald sie hochflogen, warf er den Stock nach ihnen, in der Hoffnung, einem Vogel den Hals oder einen Flügel zu brechen oder ihn zu betäuben.

ZEIT Neues Reich
GRÖSSE 59 cm lang

Angelhaken

Im Alten Reich wurden Fische vor allem mit Netzen oder Speeren gefangen. Später benutzte man auch Angelhaken wie diesen hier aus Bronze. Man band ihn mit einer Schnur an eine Stange. Hing ein Fisch am Haken, bemerkte der Angler einen Ruck an der Schnur und zog seine Beute aus dem Wasser.

ZEIT Neues Reich
GRÖSSE 3 cm lang

Wurfstöcke wurden auch im Krieg eingesetzt. Man warf sie über größere Distanzen auf feindliche Soldaten.

JAGD UND FISCHFANG I **127**

Ackerbau

Zwischen Juli und September trat der Nil über die Ufer. Dabei lagerte er fruchtbaren Boden in den Flussebenen ab. Die Bauern säten dort im Oktober Getreide aus und ernteten es zwischen März und Mai. Vor allem wurden Weizen, Gerste und Flachs angebaut, aber auch Bohnen, Linsen, Zwiebeln, Lauch, Gurken und Salat.

Modell eines Kornspeichers

Das Getreide wurde in einem Kornspeicher gelagert. Das Gebäude aus Lehmziegeln schützte das Korn vor Mäusen und Insekten. Dieses Modell zeigt Arbeiter, die Getreide in den Speicher bringen, während ein Schreiber die eingelagerte Menge notiert.

ZEIT Mittleres Reich
GRÖSSE 43 cm lang

Modelle von Kornspeichern als Grabbeigabe sollten dem Verstorbenen im Jenseits unbegrenzt Nahrung liefern.

Modell eines pflügenden Bauern

Dieses Modell zeigt einen Bauern beim Pflügen. Er lenkt die Ochsen, die einen einfachen Pflug hinter sich herziehen. Der Boden am Nil war weich und ließ sich leicht pflügen.

ZEIT 1985–1795 v. Chr. (12. Dynastie, Mittleres Reich)
GRÖSSE 43 cm lang

Die Pflugschar aus Holz bricht den Boden auf.

Kornschwinge

Nach der Ernte trennte man die Getreidekörner von den Hülsen (Spreu). Dazu wurden solche Kornschwingen aus Holz verwendet, mit denen man die Körner hochwarf. Die leichte Spreu wurde weggeweht, die Körner fielen zurück in die Schwinge.

ZEIT Neues Reich
GRÖSSE 48 cm lang

Durch den erhöhten Rand fiel das Korn nicht heraus.

Sichel

Diese einfache Sichel ist aus Holz und Flintstein. Mit dem scharfen Flint wurde bei der Ernte das Getreide abgeschnitten. Aus den Getreidestängeln wurden später Matten und Körbe geflochten.

ZEIT 18. Dynastie, Neues Reich
GRÖSSE 28,5 cm lang

Schneide aus Flint

VIEHZÄHLUNG

Jedes Jahr ließen Viehbesitzer ihre Tiere zählen, um ihren Reichtum zu berechnen. Dieses Modell einer Viehzählung fand man im Grab des Adligen Meketre. Er sitzt auf einem Stuhl unter dem Dach und schaut zu, wie die Schreiber seine Rinder zählen.

Wenn die Ägypter Viehherden durch Flüsse trieben, sagten sie **Zaubersprüche** auf, um sie vor Krokodilen zu beschützen.

Boote

Der Nil war die Hauptverkehrsader Ägyptens. Von Korn und Vieh bis hin zu Särgen und Bausteinen, alles wurde auf dem Fluss transportiert. Die ersten Boote wurden aus Papyrus hergestellt und mit Rudern bewegt. Ab 3000 v. Chr. bauten die Ägypter Holzboote, die mit Segeln ausgestattet waren.

Modell eines Fischerboots

Die Fischerboote bestanden im alten Ägypten meist aus Papyrusschilf. So waren sie leicht zu tragen und zu reparieren. Bei diesem Modell ist ein Fischernetz zwischen zwei Boote gespannt. Wenn diese sich vorwärts bewegten, verfingen sich Fische im Netz und wurden herausgezogen.

ZEIT 12. Dynastie, Mittleres Reich
GRÖSSE 62 cm lang

Die Ägypter glaubten, dass der Sonnengott Re in einem Papyrusboot über den Himmel gleitet.

Modell einer Totenbarke

Die Ägypter legten echte Boote oder Modelle von Booten in die Gräber, weil sie glaubten, man gelange per Boot in die Unterwelt. Dieses Modell zeigt zwei Frauen, die eine Mumie begleiten. Die grüne Farbe der Barke ist ein Symbol für die Wiedergeburt im Jenseits.

ZEIT 12. Dynastie, Mittleres Reich

GRÖSSE 66,7 cm lang

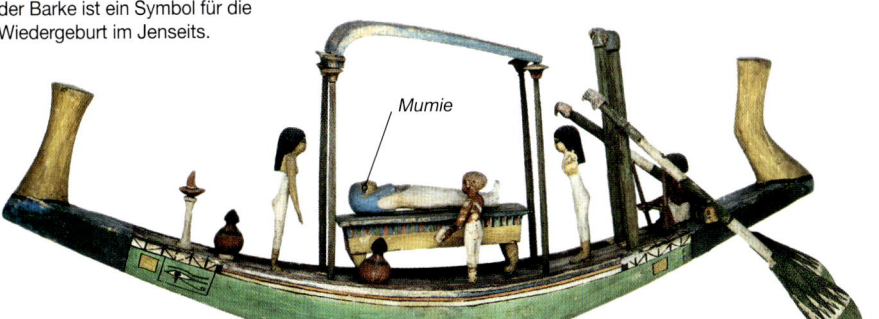

Mumie

Modell eines Segelboots

Segelboote wurden zum Transport eingesetzt und waren daher größer als Fischerboote. Sie hatten ein viereckiges Segel und zwei Steuerruder. Dieses Modell entdeckte man in einem Grab in Beni-Hasan, einem Friedhof am Ostufer des Nils. Segel und Mast fehlten. Sie wurden nach dem Vorbild anderer Boote ersetzt, die man in Theben fand.

Viereckiges Segel

Ruder zum Steuern des Boots

ZEIT Um 2000 v. Chr. (12. Dynastie, Mittleres Reich)

GRÖSSE 1,2 m lang

Magie und Medizin

Die alten Ägypter hatten großes Vertrauen in Magie und Medizin. Sie glaubten daran, dass magische Amulette vor Gefahren aller Art schützten. Ihre Ärzte verfassten viele Schriften, in denen sie die Behandlung verschiedener Leiden, wie Fieber, Tumore und Augenerkrankungen, beschrieben.

Djed-Amulett

Sowohl Kinder als auch Erwachsene trugen magische Amulette als Schutz vor bösen Geistern. Man legte sie auch auf Mumien, um diese im Jenseits zu beschützen. Eines der beliebtesten Amulette war das Djed-Amulett. Es verkörperte Osiris' Wirbelsäule und sollte seinem Träger Stärke schenken.

ZEIT Spätzeit
GRÖSSE 10 cm hoch

Künstliche Zehe

Die Ärzte im alten Ägypten waren sehr fortschrittlich. Diese künstliche Zehe, die man am Fuß einer Mumie fand, ist wahrscheinlich die älteste Zehenprothese der Welt. Sie ermöglichte dem Patienten beim Laufen das Gleichgewicht zu halten.

ZEIT
15. Jahrhundert v. Chr. (18. Dynastie, Neues Reich)
GRÖSSE
8 cm hoch

Fuß der Mumie

Zehe aus Holz

Gebetsstele

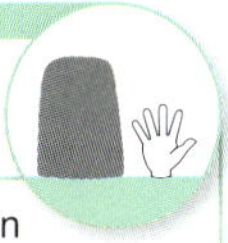

Gebetsstelen waren Steintafeln, die mit Gebetstexten beschriftet waren. Man stellte sie im Haus zum Schutz vor Gefahren auf. Auf dieser Stele steht ein Gebet an Horus, das die Familie beschützen soll. Horus ist als Kind dargestellt, das auf zwei Krokodilen steht und mit den Händen Schlangen, Löwen und Skorpione festhält. Diese Tiere waren nicht nur Symbole für Gefahren, sondern stellten eine echte Bedrohung aus der Wüste dar.

Magische Sprüche an den Seiten der Stele

ZEIT Ptolemäerzeit
GRÖSSE 26 cm hoch

Zauberstab

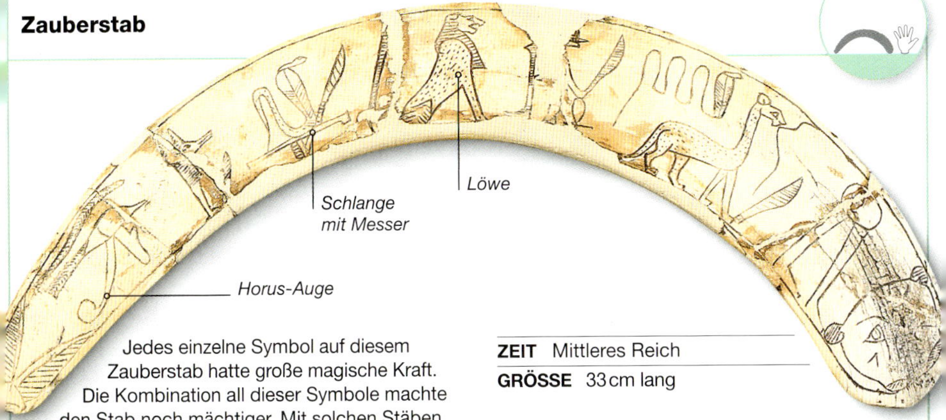

Löwe

Schlange mit Messer

Horus-Auge

Jedes einzelne Symbol auf diesem Zauberstab hatte große magische Kraft. Die Kombination all dieser Symbole machte den Stab noch mächtiger. Mit solchen Stäben wurden zum Beispiel magische Schutzbarrieren um bestimmte Bereiche eines Hauses errichtet.

ZEIT Mittleres Reich
GRÖSSE 33 cm lang

MAGIE UND MEDIZIN | 135

Werkzeuge

Die Ägypter errichteten riesige Bauwerke mit den einfachsten Werkzeugen. Die ersten waren aus Kupfer, aber weil dieses Metall so weich war, gingen sie schnell kaputt. Später wurden Bronzewerkzeuge verwendet, die härter und schärfer waren.

Dechsel

Mit Dechseln wurden Holzflächen geglättet sowie Bretter bearbeitet und geformt. Die ägyptischen Zimmerleute verwendeten sie beim Bau von Booten, aber auch bei der Herstellung kleinerer Gegenstände, wie Truhen, Stühlen oder Figurinen. Diese Dechsel fand man im Grab des Ani in Theben.

Holzgriff

ZEIT Neues Reich
GRÖSSE 64,8 cm lang

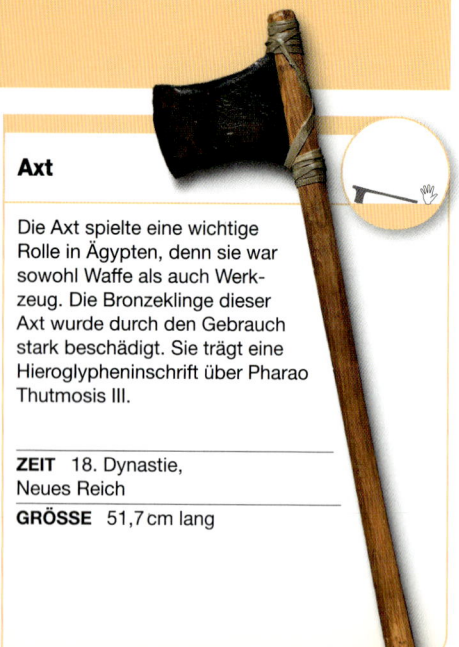

Axt

Die Axt spielte eine wichtige Rolle in Ägypten, denn sie war sowohl Waffe als auch Werkzeug. Die Bronzeklinge dieser Axt wurde durch den Gebrauch stark beschädigt. Sie trägt eine Hieroglypheninschrift über Pharao Thutmosis III.

ZEIT 18. Dynastie, Neues Reich
GRÖSSE 51,7 cm lang

Lederriemen zur Befestigung der Klinge am Griff

Klinge aus Bronze

Glättkelle

Die Ziegelwände der ägyptischen
Häuser und Gräber wurden mit Gips verputzt.
Den Gipsputz glättete man anschließend mit
Kellen, damit die Wände mit Malereien verziert
werden konnten.

ZEIT Neues Reich
GRÖSSE 17 cm lang

Meißel

Steinmetze benutzen
Meißel als Werkzeug. Feinste
Details an Reliefs, Monumenten oder
Skulpturen wurden mit Kupfer- und
Bronzemeißeln herausgearbeitet. Die
Spitze des Meißels wurde manchmal
erhitzt, um den Stein leichter bearbeiten zu können.

ZEIT Spätzeit
GRÖSSE 17,5 cm lang

Fiedelbohrer

Mit Fiedelbohrern bohrten
die Ägypter Löcher in Holz
und Stein. Dazu wickelten
sie die Schnur des Bogens
um den Griff des Bohrers
und bewegten den Bogen
vor und zurück, sodass
sich der Bohrer schnell
drehte. Der Griff dieses
Bohrers ist stark
abgenutzt, also
wird ihn sein
Besitzer wohl
oft benutzt
haben.

Bohrergriff

Holzbogen

Metallbohrer

ZEIT Neues Reich
GRÖSSE 47 cm lang

Schmuck

Die Handwerker im alten Ägypten schufen wunderschönen Schmuck aus verschiedenen Materialien, unter anderem aus Gold, Silber, Elfenbein, Glas und Fayence. Die Schmuckstücke dienten nicht nur zur Zierde, sondern auch als offizielle Siegel und Glücksbringer.

Armband des Nimlot

Dekor aus Blattgold

Dieses Armband gehörte Nimlot, dem Sohn von Pharao Scheschonk I. Das Hauptdekor zeigt Horus als Kind, das auf einer Lotosblüte sitzt. Wie viele Kinder in der ägyptischen Kunst lutscht es am Daumen. Der Name des Besitzers steht in Hieroglyphen auf der Innenseite des Armbands. Es wurde in Sais gefunden, einer bedeutenden Stadt der Dritten Zwischenzeit.

ZEIT 940 v. Chr. (22. Dynastie, Dritte Zwischenzeit)
GRÖSSE 6,3 cm Durchmesser

Falken-Pektorale

Ein Pektorale ist ein Anhänger, der auf der Brust getragen wird. Die Falkenform dieses Pektorals besteht aus einem Netz aus Metallstegen, das mit Glas, Edelsteinen und Fayence gefüllt war. Diese Technik nennt man Cloisonné.

ZEIT 1370 v. Chr. (18. Dynastie, Neues Reich)
GRÖSSE 16 cm breit

Metallplatte in Flügelform

Reste der Einlagen

Glück bringender Gürtel

Die Glücksbringer an diesem Gürtel sind aus Elektrum, einer Mischung aus Gold und Silber, die ägyptische Juweliere häufig verwendeten. Die Anhänger wurden zusammen mit Perlen aus Amethyst, Koralle, Lapislazuli und Türkis auf Papyrusschnüre gefädelt.

ZEIT 2055–1650 v. Chr. (11.–14. Dynastie, Mittleres Reich)

GRÖSSE 47 cm lang

Korallen-Perle

Lapislazuli-Perle

Kaurie-Muschel als Symbol für Fruchtbarkeit

Haarlocke als Symbol der Jugend

Heh, Gott der „Millionen Jahre", für ein langes Leben

Fisch-Amulett als Schutz vor dem Ertrinken

Glasohrring

Schmuck wurde auch aus Glas hergestellt, wie dieser Ohrring. Der gestreifte Rand entstand, indem man einen blauen und einen weißen Glasstrang miteinander verdrehte. Der Ohrring endet in zwei Schlaufen. Dort war der Draht befestigt, der durch das Ohrloch geschoben wurde.

ZEIT 1550–1292 v. Chr. (18. Dynastie, Neues Reich)

GRÖSSE 2 cm Durchmesser

Ring des Haremhab

Nicht jeder Schmuck war nur Zierde. Dieser Ring trägt das Siegel von Pharao Haremhab. In der Kartusche steht sein Name in Hieroglyphenschrift. Man nimmt an, dass damit offizielle Dokumente gestempelt wurden.

ZEIT 1323–1295 v. Chr. (19. Dynastie, Neues Reich)

GRÖSSE 3,85 cm Durchmesser

Kosmetik

Ihr Aussehen war den Ägyptern sehr wichtig und sie taten einiges für ihre Schönheit. Viele der Gegenstände, die sie dazu benutzten, wie Kämme, Spiegel und Make-up, blieben bis heute erhalten.

IM DETAIL:
MAKE-UP
Die alten Ägypter stellten Make-up aus mineralischen Pigmenten her.

Spiegel

Die meisten Ägypter, Männer wie Frauen, benutzten Spiegel aus Kupfer oder Bronze. Nur die Königsfamilie besaß Spiegel aus poliertem Silber. Dieser hier gehörte Sat-Hathor-Iunet, der Tochter von Sesostris II. Der Griff besteht aus Obsidian, einer Art natürlichem Glas.

Griff mit dem Kopf der Hathor, der Göttin der Schönheit

ZEIT 1991–1802 v. Chr.
(12. Dynastie, Mittleres Reich)
GRÖSSE 28 cm lang

Kosmetikbehälter

Männer und Frauen benutzten Parfümöle und Cremes nicht nur, um gut auszusehen, sondern auch zum Schutz vor dem sandigen Wind aus der Wüste und vor der Sonne. Sie wurden in Behältern, wie diesem entenförmigen Gefäß, aufbewahrt.

ZEIT 1350–1300 v. Chr.
(18. Dynastie, Neues Reich)
GRÖSSE 17,5 cm lang

▲ Aus dem Mineral Galenit wurde Khol zur Umrandung der Augen hergestellt.

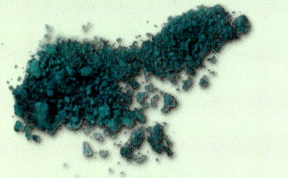
▲ Das Kupfermineral Malachit zermahlte man zu blaugrünem Lidschatten.

▲ Das Farbpigment roter Ocker gewann man aus einem Eisenmineral.

Der Knopf hält den Deckel fest.

Der Flügel der Ente bildet den Deckel.

Khol-Behälter

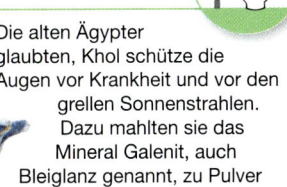

Die alten Ägypter glaubten, Khol schütze die Augen vor Krankheit und vor den grellen Sonnenstrahlen. Dazu mahlten sie das Mineral Galenit, auch Bleiglanz genannt, zu Pulver und vermischten es mit Wasser zu einer Paste. Diese wurde in schmalen Röhrchen aufbewahrt und mit einem Stäbchen auf Augenbrauen, Wimpern und Augenlider aufgetragen.

Glas-Röhrchen

ZEIT 1375–1275 v.Chr. (19. Dynastie, Neues Reich)
GRÖSSE 8,7 cm lang

KOSMETIK | 141

ÄGYPTISCHE FESTE
Die Ägypter feierten Feste bei Geburten und Hochzeiten, bei religiösen Zeremonien oder einfach nur zur Unterhaltung ihrer Freunde. Dazu wurde meist ein großes Mahl gekocht, bei dem es mit Honig gesüßte Kuchen gab und verschiedene Sorten Fleisch, wie Ibis, Gans und Antilope, gewürzt mit Kräutern.

Faszinierende Fakten

DIE HÖCHSTEN PYRAMIDEN

❶ Die Große Pyramide von Giseh ist das größte Bauwerk, das jemals aus Stein gebaut wurde. Sie war ursprünglich knapp 147 m hoch (heute 138,75 m) und ungefähr 6 Millionen Tonnen schwer.

❷ Die Chephren-Pyramide war mit fast 144 m Höhe nur 3 m kleiner als die Große Pyramide von Giseh. Im Lauf der Zeit wurde aber ihre äußere Verkleidung abgetragen. Seitdem ist sie nur noch 136,4 m hoch.

❸ Die Rote Pyramide wurde von Snofru erbaut. Sie war die erste echte Pyramide in Ägypten und ist heute noch 104 m hoch.

❹ Die Knickpyramide war die zweite Pyramide von Snofru. Sie ist heute 100 m hoch. Im alten Ägypten war sie als „strahlende Pyramide des Südens" bekannt.

❺ Die Meidum-Pyramide besaß ursprünglich acht Stockwerke und war 93,5 m hoch. Mit der Zeit fiel sie jedoch in sich zusammen, sodass heute nur noch drei Stockwerke von ihr stehen.

❻ Die Pyramide von Sesostris III. hat im Gegensatz zu allen anderen Pyramiden, deren Kerne aus Steinblöcken bestehen, einen Kern aus Lehmziegeln. Ursprünglich war sie ungefähr 78 m hoch.

❼ Die Pyramide von Amenemhet III. hieß bei den alten Ägyptern „Amenemhet ist mächtig.". Weil sie sehr dunkel wirkte, nannte man sie auch die Schwarze Pyramide. Sie war 75 m hoch, ist heute aber nur noch ein kleiner Geröllhaufen.

❽ Die Pyramide von Neferirkare war mit 70 m das höchste Bauwerk, das in der 5. Dynastie in Ägypten gebaut wurde.

❾ Die Stufenpyramide wurde vor rund 5000 Jahren errichtet und war die erste Pyramide der Welt. Anders als bei den echten Pyramiden sind ihre Seiten nicht gleich lang. Sie ist heute 60 m hoch.

❿ Die Pyramide von Sesostris I. wurde „Sesostris schaut auf beide Länder herab." genannt, denn sie stand auf einem Hügel. Sie war ursprünglich 61,25 m hoch.

> Pyramiden wurden nicht nur in Ägypten gebaut, sondern auch im Alten Griechenland, in Mexiko sowie in Mittelamerika.

BERÜHMTE MUMIEN

- **Die prädynastischen Mumien von Gebelein** sind sechs Mumien, die Ende des 19. Jahrhunderts in Gebelein, südlich von Theben, entdeckt wurden. Man datierte sie auf die Zeit um 3400 v. Chr. Damit sind sie die ältesten ägyptischen Mumien, die bisher gefunden wurden.

- **Hatschepsuts Mumie** wurde nicht in ihrem Grab, sondern in dem ihrer Amme gefunden. Man entdeckte sie bereits im Jahr 1903, aber erst kürzlich bestätigten medizinische Tests, dass es sich dabei wirklich um Hatschepsut handelt.

- 1881 wurde die **Mumie von Thutmosis II.** in Deir el-Medina entdeckt. Grabräuber hatten ihr den linken Arm gebrochen und den rechten abgerissen.

- **Pharao Sekenenre Taa** starb im Kampf und seine Mumie erzählt, wie er den Tod fand: Sie weist auf der Stirn Verletzungen von einer Axt und am Hals von einem Dolch auf.

- **Die Mumie von Echnaton** wurde ursprünglich in ihrem Grab in Achet-Aton bestattet. Nachdem die Stadt aufgegeben wurde, verlegte man sie in das Grab KV 55 im Tal der Könige, das 1907 entdeckt wurde.

- **Die Mumie von Tutanchamun** wurde 1924 intakt in ihrem Sarkophag entdeckt. Medizinische Tests an der Mumie ergaben, dass der junge Pharao an Malaria litt, als er starb.

- Grabräuber schnitten der **Mumie von Sethos I.** den Kopf ab. Ein Amun-Priester befestigte ihn mit Leinenstreifen wieder am Körper.

- 1213 v. Chr. wurde Pharao **Ramses II. mumifiziert.** Hieroglyphen auf seinen Bandagen sagen, dass die Mumie zuerst in Grab KV 7 bestattet wurde. Aus Angst vor Grabräubern verlegte man sie aber in das Grab seiner Gemahlin Inhapi. Nach nur 72 Stunden wurde sie jedoch erneut umgebettet, dieses Mal in das Grab eines Hohepriesters namens Pinudjem II., wo sie schließlich in unserer Zeit entdeckt wurde.

- **Die Mumie von Iufaa,** einem ägyptischen Hohepriester, wurde 1998 in einem Grab in Abusir entdeckt. Archäologen waren darüber sehr erfreut, denn das Grab war nicht von Dieben geplündert worden. Iufaas Mumie war völlig unversehrt und alle Grabbeigaben waren noch vollständig vorhanden.

> 1974 flog man die Mumie von Ramses II. nach Paris. Sie bekam einen Reisepass, in dem als Beruf „König (verstorben)" angegeben war.

Ägypten auf einen Blick

ALLTAG

★ **Reiche Leute** besaßen Häuser in der Stadt und auf dem Land. Die Landhäuser hatten bis zu 70 Zimmer.

★ **Der Vater** war im alten Ägypten das Oberhaupt der Familie, der älteste Sohn der Erbe. Aber die Frauen durften auch Berufe ausüben und Land besitzen.

★ **Die Mädchen** wurden bereits ab ihrem zwölften Lebensjahr verheiratet. Die Jungen erst ab 15 Jahren.

★ **Die Nahrung** der alten Ägypter bestand aus Gemüse, Brot, Milchprodukten, Hülsenfrüchten und Fleisch.

JAGD

• **Zur Tierwelt** im und am Nil zählten vor allem Fische, Vögel, Krokodile und Nilpferde. Schakale, Löwen und Antilopen kamen zum Trinken an den Fluss.

• **Gefährliche Tiere,** wie etwa Nilpferde, wurden mit Speeren und Lassos gejagt.

• **Schnelle Tiere,** wie Antilopen und Hasen, jagte man mit Pfeil und Bogen.

MILITÄR

▶ **Im Alten Reich** trugen die ägyptischen Soldaten einen Speer, der Kesch genannt wurde. Einige Soldaten hatten Bögen, Schilde und Kurzschwerter (Metpenet).

▶ **Im Neuen Reich** wurden die Einheiten der Armee nach Göttern wie Re und Amun benannt.

▶ **Ägyptische Militärschiffe** besaßen ein quadratisches Segel, wurden aber vor allem mit Rudern angetrieben.

▶ **In Friedenszeiten** arbeiteten Soldaten im Steinbruch oder sie gruben Bewässerungskanäle und bauten Pyramiden.

KUNST

★ **In der Porträtmalerei** befolgten die Künstler strenge Regeln. Augen, Schultern und Brust wurden von vorn abgebildet, der Rest des Körpers jedoch von der Seite.

★ **Ägyptische Farben** wurden aus natürlichen Materialien, wie Mineralien, hergestellt. Schwarz machte man aus Kohle, Weiß aus Kalk, Rot aus Eisenoxid und Blau aus Kupfer oder Lapislazuli.

MODE

◆ **Bei Feiern** trugen die Frauen auf ihren Perücken Kegel aus Wachs, vermischt mit Parfümöl. In der Hitze schmolz der Kegel und das Öl lief herab. Parfümierte Öle verwendeten auch die Adligen bei ihren täglichen Bädern.

◆ **Männer trugen kurze Röcke,** Frauen einfache Kittel oder Kleider, die an der Schulter gebunden wurden.

HANDEL

♦ **Die Ägypter kannten kein Geld.** Stattdessen tauschten sie Waren oder Dienstleistungen untereinander aus.

♦ **Der Wert von Waren** wurde anhand eines standardisierten Kupfergewichts namens Deben gemessen. Zum Beispiel konnte eine Ziege, die vier Deben wert war, gegen Getreide im Wert von vier Deben getauscht werden.

♦ **Ein Deben wog** etwa 91 g. Für wertvolle Güter, wie Silber und Gold, wurde ein kleineres Gewicht namens Kite verwendet.

♦ **Ägyptische Händler** tauschten Feldfrüchte, Mineralien, Papyrus und Wein gegen Wolle, Pferde und Leopardenfelle ein.

KALENDER

• **Die Ägypter teilten als erstes Volk** den Tag in 24 Stunden ein. Ihr Jahr hatte 360 Tage, verteilt auf zwölf Monate, mit fünf Extratagen am Ende des Jahres.

• **Die Woche eines Arbeiters** war neun Tage lang. Der zehnte Tag war ein Ruhetag.

• **In der Landwirtschaft** gab es drei Jahreszeiten: *Akhet*, die Zeit der Nilüberschwemmung, *Peret*, die Zeit der Aussaat und *Schemu*, die Zeit der Ernte.

• **Offizielle Feiertage** gab es im alten Ägypten nicht. Allerdings arbeitete man an religiösen Festtagen nicht. Da diese später ungefähr ein Drittel des Jahres beanspruchten, hatten manche Leute sehr viel Freizeit.

Die alten Ägypter glaubten, der Nil fließe genau durch den Mittelpunkt der Erde.

Hieroglyphen

Das Wort „Hieroglyphe" kommt aus dem Griechischen und bedeutet „heiliges Symbol". Die alten Ägypter schrieben sowohl Worte als auch Zahlen in Hieroglyphen.

ALPHABET

In der ägyptischen Hieroglyphenschrift gab es Hunderte von Symbolen, die für ganze Wörter standen. Zudem gab es eine kleinere Anzahl von Symbolen für Laute (hier abgebildet), mit denen Wörter buchstabiert werden konnten.

Symbol	Objekt	Laut
	Wachtel	u wie in „Mut", w wie in „wild"
	Tierbauch	ch wie in „ich"
	Schilfrohr	ie wie in „sie", j wie in „ja"
	Schlange	dsch wie in „Dschungel"
	Brotlaib	t wie in „Turm"
	Bein	b wie in „Boot"
	Krugständer	g wie in „ganz"

Symbol	Objekt	Laut
	Docht	h wie in „Hose"
	Brunnen	ch wie in „Dach"
	Wasser	n wie in „nein"
	Hand	d wie in „das"
	Eule	m wie in „Maus"
	Hornviper	f wie in „Fass"
	Hügel	k wie in „Käse"

Symbol	Objekt	Laut
	Matte	p wie in „Pause"
	Hütte	h wie in „Hütte"
	Mund	r wie in „richtig"
	Arm	a wie in „Hase"
	Geier	a wie in „Theater"
	Türriegel	s wie in „Sand"
	Seil	tsch wie in „Quatsch"
	Gefalteter Stoff	ß wie in „Fuß"
	Teich	sch wie in „Schuh"
	Korb	k wie in „Kind"

ZAHLEN

Das ägyptische Zahlensystem basierte auf der Zahl 10. Es gab Symbole für 1, 10, 100 und so weiter. Um etwa die Zahl 27 darzustellen, schrieb man zwei Symbole für 10 und sieben Symbole für 1 nebeneinander.

Symbol	Zahl
	1
	10
	100
	1000
	10 000
	100 000
	1 000 000

Glossar

Altes Ägypten Die Zeit zwischen 3500 und 30 v. Chr., als Ägypten von Pharaonen regiert wurde.

Altes Reich (2686–2160 v. Chr.) Die erste bedeutende Epoche des Friedens, als Ägypten unter einem Pharao vereint war und die Pyramiden erbaut wurden.

Amulett Ein Glücksbringer, der Böses fernhalten sollte.

Anch Das altägyptische Symbol für Leben. Nur Götter und Könige durften es tragen.

Artefakt Jeder Gegenstand, der von einem Menschen hergestellt wurde.

Ba Die Seele einer Person, die nach dem Tod weiterlebte. Das Ba wurde als Vogel mit Menschenkopf dargestellt.

Dechsel Ein Werkzeug zum Schneiden und Glätten von Holz.

Delta Ein fächerförmiges Gebiet an der Flussmündung, das im Lauf der Zeit durch Ablagerungen von Sand und Schlamm entstand.

Demotisch Eine Schrift, die im alten Ägypten hauptsächlich im Alltag benutzt wurde.

Dritte Zwischenzeit (1069–664 v. Chr.) Eine Zeit der Unruhe, als Ägypten nach dem Untergang des Neuen Reichs aufgeteilt und teilweise von Nubien regiert wurde.

Duat Die ägyptische Unterwelt. Die Ägypter glaubten, dass der Tote erst durch Duat reisen muss, ehe er im Jenseits wiedergeboren wird.

Dynastie Eine Reihe von Herrschern aus derselben Familie. Im alten Ägypten gab es 31 Dynastien.

Eigenname Der Name, den der Pharao bei seiner Geburt erhielt.

Einbalsamieren Einen Leichnam mithilfe von Salzen, Parfümen und Salben haltbar machen.

Erste Zwischenzeit (2160–2055 v. Chr.) Eine Zeit der Unruhen und Uneinigkeiten, nachdem das Alte Reich zusammengebrochen war.

Fayence Eine Form von glasierter Keramik. Die alten Ägypter fertigten daraus Schmuck und kleine Statuen.

Hieroglyphen Eine altägyptische Schrift, deren Bildsymbole Laute, Dinge und Vorstellungen darstellten.

Ka Die Lebenskraft einer Person. Sie wurde in der Kunst mit zwei erhobenen Händen dargestellt.

Kanopenkrüge Vier Krüge zur Aufbewahrung der Eingeweide (Magen, Leber, Darm und Lunge) einer Mumie.

Kartusche Ein ovaler Rahmen, der um den Namen des Pharao gemalt wurde.

Katarakt Eine starke Wasserströmung rund um Felsen, die den Lauf eines Flusses blockieren. Im Nil gibt es insgesamt fünf Katarakte, zwei davon in Ägypten.

Khol Ein schwarzes Augen-Make-up, das aus Galenit (Bleiglanz) hergestellt wurde.

Koloss Eine überlebensgroße Statue, meistens die eines Königs. Oft vor Tempeln zu finden.

Krummstab Ein Symbol der Königswürde in Form eines gebogenen Hirtenstabs.

Lapislazuli Ein tiefblauer Halbedelstein aus Afghanistan. Die Ägypter verarbeiteten ihn zu Schmuck und anderen Artefakten.

Mastaba Ein altägyptisches Grab aus Stein und in der Sonne gebackenen Lehmziegeln. Es war rechteckig mit niedrigen, schrägen Seiten und einem flachen Dach.

Mittleres Reich (2055–1650 v. Chr.) Die zweite bedeutende Zeit des Friedens, als das alte Ägypten unter einem Pharao vereint war.

Mumie Ein Leichnam, der entweder auf natürliche oder auf künstliche Weise vor der Verwesung bewahrt wurde.

Nemes-Kopftuch Ein gestreiftes Kopftuch, das die Pharaonen trugen.

Neues Reich (1550–1086 v. Chr.) Die dritte bedeutende Zeit des Friedens und des Fortschritts, als das alte Ägypten unter einem Pharao vereint war.

Obelisk Eine schlanke, meist hohe Steinsäule mit einem rechteckigen oder einem quadratischen Grundriss und schrägen Seiten, die in einer Spitze enden. Pharaonen ließen Obelisken aufstellen, um ihre Siege zu präsentieren oder auch um eine bestimmte Person zu ehren.

Oberägypten Das Reich am Oberlauf des Flusses Nil im südlichen Teil von Ägypten.

Obsidian Ein natürlicher Glasstein aus gehärteter Lava. Aus ihm wurden Verzierungen oder Spiegel hergestellt. Weil er sehr scharfe Kanten hat, stellte man daraus auch Schneidewerkzeug her.

Orakel Ein Priester oder eine religiöse Person, von der man glaubte, dass sie mit den Göttern sprechen konnte.

Papyrus Eine Art Papier aus Papyrusschilf.

Pektorale Ein Schmuckstück, das auf der Brust getragen wurde.

Pharao Der Titel, den die Herrscher im alten Ägypten trugen. Er bedeutet „Großes Haus" und bezog sich zunächst eher auf den Palast als auf die Person.

Ptolemäerzeit
(332 v. Chr.–30 v. Chr.)
Die letzte altägyptische Epoche, als das Land von den Nachkommen des griechischen Herrschers Ptolemaios I. regiert wurde.

Pylon Ein Torgebäude am Eingang eines Tempels.

Pyramide Ein großes Bauwerk aus Stein mit quadratischer Basis und vier schrägen Seiten, die entweder eben oder gestuft waren. Sie dienten im alten Ägypten als Grabmäler für die Pharaonen.

Pyramidentexte Religiöse Schriften an den Innenwänden einer Pyramide. Meistens magische Sprüche, die dem Toten helfen sollten, ins Jenseits zu gelangen.

Pyramidion Der oberste Schlussstein einer Pyramide, der die Form einer kleinen Pyramide hatte.

Relief Formen oder auch Figuren, die aus einer Fläche herausgearbeitet wurden, sodass sie sich davon abheben.

Sarkophag Ein Steinsarg, der entweder rechteckig oder nach den Umrissen eines Menschen geformt war. Das Wort ist griechisch und bedeutet „Fleischfresser".

Scheintür Ein symbolischer Durchgang, der auf Gräber und Särge gemalt oder geritzt wurde, und für den Geist des Toten bestimmt war.

Schemajet So wurden die Tempelmusikerinnen genannt.

Schreiber Ein Beamter, der lesen und schreiben konnte, anders als die meisten Ägypter. Die Schreiber genossen ein hohes Ansehen.

Seelenhaus Ein kleines Modellhaus, das ins Grab gelegt wurde, damit der Verstorbene im Jenseits darin wohnen konnte.

Skarabäus Ein Mistkäfer, der im alten Ägypten als das Symbol der aufgehenden Sonne galt.

Spätzeit
(664–332 v. Chr.)
Die Epoche der altägyptischen Geschichte, bevor Alexander der Große das Land eroberte.

Sphinx Eine Sagengestalt mit dem Körper eines Löwen und dem Kopf eines Menschen. Wenn sie den Kopf eines Widders hat, nennt man sie Criosphinx.

Stele Eine schmale aufrecht stehende Steintafel mit einer Inschrift.

Tal der Könige Ein Tal am Westufer des Nils in der Nähe von Theben, in dem sich viele Pharaonengräber aus dem Neuen Reich befinden.

Thronname Der Name, den der Pharao nach seiner Krönung annahm. Er bezog sich auf die ewige Herrschaft des Pharao.

Totentempel Ein Bauwerk neben einer Pyramide oder einem Herrschergrab. Man glaubte, dass ein Pharao nach seinem Tod zu einem Gott werden würde, den man in einem solchen Tempel anbeten konnte.

Unterägypten Das Reich im Norden Ägyptens, rund um das Nildelta.

Uräus Ein Symbol der schlangenköpfigen Göttin Wadjet in Form einer aufgestellten Kobra. Man glaubte, dass sie den Pharao schütze, indem sie Feuer auf seine Feinde spie.

Verkleidung Die äußere Schicht eines Bauwerks, meistens aus glattem, feinem Stein.

Wadjet-Auge Im alten Ägypten ein weitverbreitetes Schutzsymbol. Es stellt das Auge des Himmelsgottes Horus dar und wird daher auch Horus-Auge genannt.

Wedel Ein weiteres Symbol der Königswürde im alten Ägypten. Wird oftmals auch als Geißel bezeichnet.

Zweite Zwischenzeit
(1650–1550 v. Chr.)
Eine Zeit der Unruhen und Uneinigkeiten nach dem Mittleren Reich. Teile Ägyptens wurden von den Hyksos, Eindringlingen aus Asien, kontrolliert.

Register

A B

Abu Simbel 5, 99
Abusir 46–47, 50
Abydos 5, 87
Adlige 17–21, 27, 30, 32–33
   Gräber 58–59, 130
Ägis 106
Ahmose I. 8
Akrobaten 143
Alabastersphinx von
   Memphis 69
Alexander der Große 9, 35
Alltagsleben 112–143, 146
Alphabet 148–149
Alte Ägypter 16–39
Altes Reich 7, 42
Amada, Tempel 103
Amasis 34–35
Amenemhet I. 24
Amenemhet II. 25
Amenemhet III. 51
   Pyramide 144
Amenhotep II. 30
   Grab 57
Amenhotep III., Grab 56
Ammut 80, 81
Amset 65
Amulett 75, 81, 134–135
Amun / Amun-Re 76, 93
Anchesenamun 16, 17, 67
Angelhaken 127
Anhänger 66–67
Anubis 79–81, 86–87, 97
Apis-Stier 79, 109
Apophis 94–95
Arbeiter 18, 43
Armband des Nimlot 138
Arsinoe II. 36
Arsinoe III. 37
Ärzte 134
Assuan 5, 105
Aton 76, 95
   Kleiner Tempel 105
Atum 77, 84–85
Augen-Make-up 140–141
Axt 136
Ba 80
Bälle, bemalt 123
Basalt 45
Bastet 94
Bauern und Ackerbau 6,
   113–115, 128–131, 147
Baumaterial 44–45
Bauwerkzeuge 42–43, 136–137
Berenike II. 37
Bes 95
Bohrer 137
Boote 132–133
Brettspiele 114, 120–121
Brot 116–117

C D

Cheops 21, 44, 63
Chephren 22
   Pyramide 45, 144
Chepri 61, 90
Criosphinx 70–71
Dakka, Tempel 100–101
Darius I. 35
Dahschur 48–49, 51
Datteln 117
Deben 147
Dechsel 136
Deir el-Schelwit 104
Demotische Schrift 11
Dendera 104
Derr, Tempel 102
Djed-Amulettt 134
Djoser 20, 51
Doppeloboe 125
Dritte Zwischenzeit 8–9
Duamutef 65
Duat 80

E F

Echnaton 19, 30, 76, 145
Eje, Grab 58
Enneade 77, 84–85
Erste Zwischenzeit 7
Falke 8, 77, 107, 138
Fayum 49
Feiern 142–143
Feige 117
Feldfrüchte 128
Feste 78–79, 124, 147
Fiedelbohrer 137
Fischerboot 132
Fischfang 126–127, 132
Floß 126
Frauen und Mädchen 146
Frühdynastische Zeit 6

G H

Geb 77, 85
Gebelein, Mumien 145
Gebetsstele 134
Gerf Hussein, Tempel 105
Geschichte 6–9
Gesellschaft 17, 18
Gesellschaftspyramide 18
Giseh 68
   Pyramiden 4, 7, 44–45
Glasohrringe 139

Goldschrein 67
Götter 18, 75–79, 82–95
Gräber 41, 54–61
Grabmalereien 112–113
Grabräuber 62
Grabschätze 41, 62–67
Griechen 9
Griechische Schrift 11
Große Pyramide von Giseh 42–44, 144
Große Sphinx 4, 7, 68, 72–73
Gürtel, Glück bringender 139
Handel 147
Handwerker 18, 114, 138
Hapi 64
Haremhab 139
Harfe 124–125
Harpune 126
Hathor 74–75, 90
Tempel der (Abu Simbel) 99
Tempel der (Dendera) 104
Hatschepsut 26, 145
Totentempel der 102–103
Häuser 115–117
Haushaltswaren 113, 117
Heilige Artefakte 106–109
Herakleopolis 7
Herz wiegen 80–81
Heliopolis 4, 71, 77, 84–85, 90–91
Hethiter 12, 70
Hieroglyphen 11, 148–149
Holzspielzeug 121–123
Hor-Aha 6
Horus 6, 61, 73, 77, 87
Hunde und Schakale 122
Hyksos 8, 12

I J

Ibis, Mumiensarg 108–109
Imhotep 21, 42
Insignien 20, 28–29
Isis 75, 77, 86, 91
Isis-Knoten 75
Iufaa 145
Jagd 112–113, 115, 126–127, 146
Jenseits 41, 60, 80–81

K L

Ka 80
Kalender 147
Kalkstein 45, 49
Kamose 8
Kanopenkasten 41
Kanopenkrug 64–65, 81
Kanopenschrein 64–65
Karnak-Tempel 5, 70–71, 100
Kartusche 17
Katze, aus Holz 122
Katzen-Mumie 109
Kebechsenuef 64
Khnum 74, 75
Khol-Röhrchen 141
Klapper 125
Kleidung und Stoffe 114, 118–119, 147
Kleopatra VII. 9, 37
Kleopatras Nadel 71
Knickpyramide 48, 144
Kom-Ombo-Tempel 92, 100–101
Königinnen 19
Königshof 18–39
Kopfstütze 66
Korn-Mumie 108
Kornschwinge 129
Kornspeicher 128
Kosmetik 140–141
Kosmetikbehälter 140–141
Kriegsführung 12–15, 146
Krokodil-Mumie 108–109
Krummstab und Wedel 18, 20
Kunst 146
Künstliche Zehe 134
Laute 125
Ledersandalen 119
Leier 125
Leinenstoff 118
Libyen 5, 7, 8, 9
Luxor-Tempel 70, 101

M N

Maat 74–75, 81, 89–91
Magie 134–135
Maya 32–33
Make-up 114, 140–141
Mastabas 42
Maus, Spielzeug 121
Medaille 13
Medizin 134–135
Medjau 14–15
Mehen 120
Meidum-Pyramide 49, 52–53, 144
Meißel 137
Meketre 130
Memnonkolosse 69
Memphis 69
Memphis-Triade 77, 82–83
Menna, Grab 58
Mentuhotep I. 7
Mentuhotep II. 24
Mittleres Reich 7
Modelle in Gräbern 116, 126, 128–129, 132–123
Monumente 40–41, 68–73
Mumien 80–81, 108–109, 145
Musik 114, 124–125, 143
Musikinstrumente 124–125
Mykerinos 45
Pyramide 45
Mythologie 76–67

REGISTER | 153

Nahrung 116–117, 128, 142, 146
Namen und Titel 19
Neferirkare 46
 Pyramide 46–47, 144
Nefertari 33, 99
 Grab 59–61
Nefertem 77, 83
Nephthys 77, 85
Neues Reich 8
Nil 4–5, 113, 128, 132, 147
Nimlot 138
Niuserre 22–23
Nofretete 19, 31
Nubien 5, 7–9, 12, 14–15
Nut 77, 85

O P

Oberägypten 6–7, 19
Ochse 129
Ohrringe 66, 139
Opfergaben 78
Orakel 79
Osiris 61, 77, 79, 87, 108–109
Paiduf 64–65
Papyrus 10
Paschedu, Grab 59
Pavianstatue 70
Pektorale 8, 67, 138
Perserreich 9
Perücken 118
Pfeil 127
Pferd, bemaltes Spielzeug 122
Pharaonen 17, 18–39, 77
Philae, Tempel 104–105, 110–111
Pigmente 140–141, 146
Prädynastische Zeit 6
Priester 17–18, 23, 75, 78–79, 81, 99

Pschent 6, 20
Psusennes I. 34
Ptah 77, 82
Ptolemaios I. 9, 36
Ptolemaios II. 36
Ptolemaios III. 36
Ptomeläerzeit 9
Puppe, aus Holz 123
Pyramiden 41, 44–53
 Bau 42–43
 höchste 144
Pyramidion 71

R

Ramesseum 38–39
Ramses II. 8, 32–33, 99
 Grab der Söhne 55
 Mumie 145
 Sitzender Koloss 70
Ramses IV., Grab 55
Ramses V., Grab 56
Ramses VI., Grab 56
Ramses VII., Grab 54
Raneferef 23
Re / Re-Harachte 76–78, 91
Religion 74–111
Ring des Haremhab 139
Rituale 78–79, 99
Römer 9
Rote Pyramide 48–49, 144

S

Sachmet 77, 82
Sahure 47
 Pyramide 46–47
Sakkara 47, 50–51
Sandalen, aus Leder 119
Sänger 124, 125, 143
Sarkophag 63
Schätze, Grab 41, 62–67

Scheschonk I. 34
Schmuck 138–139
Schreiber 10, 17–18, 21, 58
Schrift 10–11, 148–149
Schu 77, 84
Schwarze Pyramide 51
Seele 80
Segelboote 133
Sekenenre Taa 8, 26–27, 145
Seneb 19
Senenmut 27
Senet 121
Sennefer 30
 Grab 58–59
Seschat 92
Sesostris I. 25
 Pyramide 144
Sesostris III. 25
 Pyramide 144
Seth 77, 86
Sethos I., Grab 57, 145
Sichel 115, 129
Sistrum 124
Situla 107
Sitzender Koloss von Ramses II. 70
Snofru 48–49, 144
Sobek 92
Soldaten 12–15, 146
Sonnenbarke 63
Sonnengott 76
Sonnenscheibe 74–75, 77, 106
Sonnentempel des Niuserre 98
Spätzeit 9
Sphinx 68–71
Spiegel 67, 107, 140,
Spiele 120–123
Spielzeug 120–123
Spindel 118
Stein von Rosette 11

Stele 135
Streitwagen 12–13
Stufenpyramide 42, 50–51, 144

T

Tal der Könige 41, 54–57
Tal der Königinnen 54, 59
Tänzer 143
Tauschgeschäft 147
Taweret 94
Tefnut 77, 84
Tempel 75, 98–105
Terrakotta-Flasche 113
Teti 47
  Pyramide 47
Tetischeri 26
Theben 7, 41, 54–59, 69, 93
Thot 70, 92–93
Thron 62
Thutmosis II. 145

Thutmosis III. 8, 12, 19, 27, 63, 103
Thutmosis IV. 72–73
Tierkult 79
Totenbarke 133
Totentempel 77, 102–103
Tutanchamun 12–13, 16–17, 32, 115, 126
  Grab 56–57, 62, 64–67
  Mumie 145
  Sarkophag 18–19

U V

Überschwemmung, Nil 128, 147
Unas 50
  Pyramide 50
Unterägypten 6–7, 19
Unterwelt 41, 80–81, 97
Uräus 20, 28–29

Userkaf 22
  Pyramide 50
Vieh 130–131
Villen 115

W Z

Wadi es-Sebua, Tempel 103
Wadjet 28, 91
Waffen 13, 127
Wedel und Krummstab 18, 20
Weinkrüge 117
Werkzeuge 42–43, 114, 136–137
Wurfstäbe 121
Wurfstock 127
Zahlen 149
Zauberstab 135
Zimmerleute 114
Zweite Zwischenzeit 8

Dank und Bildnachweis

Dorling Kindersley dankt Helen Peters für das Register.

Der Verlag dankt folgenden Personen und Institutionen für die freundliche Genehmigung zum Abdruck von Fotos:

(Abkürzungen: o = oben, u = unten, m = Mitte, l = links, r = rechts, g = ganz)

1 Corbis: Sandro Vannini (ml). **2–3 Getty Images:** Ian McKinnell / Taxi (m). **3 Getty Images:** JD Dallet / age fotostock (ur). **4 Getty Images:** DEA / A. Dagli Orti (gom); Grant Faint / Digital Vision (um). **4–5 Getty Images:** Michael Schmeling. **5 Alamy Images:** Wildviews / Charles Tomalin (ul). **Getty Images:** Stephen Studd / Photographer's Choice RF (mu). **6 Corbis:** Gianni Dagli Orti (ul). Dorling Kindersley: The Trustees of the British Museum (ml) / A. Vergani (um). **7 Alamy Images:** The Print Collector (gol). Corbis: Werner Forman (gor). **8 Getty Images:** Egyptian 19th Dynasty / The Bridgeman Art Library (um). Jürgen Liepe: (ml). **8–9 Getty Images:** Niels van Gijn / AWL Images (gom). **9 Corbis:** Ocean (um). Getty Images: DEA / G. Dagli Orti (mro). **10 Dorling Kindersley:** The Trustees of the British Museum (mu, ul). **11 Getty Images:** DEA Picture Library (m). **11 Getty Images:** DEA Picture Library (gom, m, mo). **12 Jürgen Liepe:** (m). **12–13 Getty Images:** DEA / G. Dagli Orti / De Agostini Picture Library (ur). **13 Dorling Kindersley:** The Trustees of the British Museum (gol, gol / Short Sword). **Jürgen Liepe:** (gor). **14–15 Getty Images:** DEA / De Agostini Picture Library. **16 Getty Images:** Robert Harding. **18–19 Corbis:** Sandro Vannini (um). **19 Alamy Images:** Egyptian, 5th Dynasty (c.2494–2345 BC) / The Art Gallery Collection (ur). **Getty Images:** Andreas Rentz (gor). **20 Getty Images:** Interfoto / Personalities (ml). **Corbis:** Alfredo Dagli Orti / The Art Archive (um); Roger Wood (ul). **21 Getty Images:** Egyptian / The Bridgeman Art Library (l). Jürgen Liepe: (ur). **22 Corbis:** Alfredo Dagli Orti / The Art Archive (l). Getty Images: DEA / S. Vannini / De Agostini Picture Library (gor). **22–23 Alamy Images:** INTERFOTO / Fine Arts (um). **23 Alamy Images:** Ian M Butterfield (Egypt) (ur). **Getty Images:** Leemage / Universal Images Group (gol). **24 Getty Images:** DEA / A. Jemolo / De Agostini Picture Library (gor); Leemage / Universal Images Group (l). **25 Alamy Images:** Art Media / The Print Collector (mr); Hans Steen / dieKleinert (um). **Getty Images:** 12th Dynasty Egyptian / The Bridgeman Art Library (l). **26 Corbis:** Araldo de Luca (gor). **Getty Images:** Dea Picture Library / De Agostini Picture Library (m). **26–27 Getty Images:** Patrick Landmann (um). **27 Corbis:** Charles & Josette Lenars (gol). Getty Images: DEA / G Dagli Orti / De Agostini Picture Library (ur). **28–29 Corbis:** Dea / A. Dagli Orti / De Agostini. **30 The Art Archive:** Gianni Dagli Orti / Musée du Louvre Paris (mu). Getty Images: DEA / G. Dagli Orti / De Agostini Picture Library (gol, ur). **31 Getty Images:** SEAN GALLUP. **32 Getty Images:** Hisham Ibrahim / Photographer's Choice (gom). **32–33 Alamy Images:** Peter Horree (gom). **Getty Images:** DEA / A Jemolo / De Agostini Picture Library (um). **33 The Art Archive:** Jacqueline Hyde / British Museum (um). **34 Corbis:** Roger Wood (um). Getty Images: DEA / A. Dagli Orti / De Agostini Picture Library (ml). **34–35 Corbis:** Araldo de Luca (um). **35 Corbis:** Araldo de Luca (um); Gianni Dagli (gor). **36 Alamy Images:** Peter Horree (ml). **The Bridgeman Art Library:** Hermitage, St. Petersburg, Russia (u). **Corbis:** Sandro Vannini (um). **Getty Images:** Leemage / Universal Images Group (mlu). **37 Corbis:** Heritage Images (ul); Sandro Vannini (gom). **Dorling Kindersley:** Rough Guides (r). **38–39 Corbis:** Richard T. Nowitz. **40 Dreamstime.com:** Sergii Figurnyi. **41 Corbis:** Werner Forman / Werner Forman Archive (um). **42 Alamy Images:** Mike P. Shepherd (ml). **Dorling Kindersley:** The Trustees of the British Museum (mr). **Getty Images:** DEA / W. Buss / De Agostini Picture Library (ul). **42–43 Getty Images:** DEA / G. Dagli Orti / De Agostini (mo). **45 Dorling Kindersley:** The Trustees of the British Museum (gor, gom, gol). **Getty Images:** DEA / A. Vergani (ur); Evan Reinheimer / Flickr (ml). **46–47 Corbis:** Werner Forman (go). **Getty Images:** Reinhard Dirscherl / WaterFrame (r). **47 Alamy Images:** Collection Dagli Orti / The Art Archive (ur). **48 Getty Images:** Glowimages (go). **48–49 Corbis:** Nico Tondini / Robert Harding World Imagery (u). **49 Alamy Images:** Mike P. Shepherd (gor). **50 Corbis:** Werner Forman (ul). **Getty Images:** DEA / W. Buss / De Agostini Picture Library (gor). **50–51 Corbis:** DEA / W. Buss / De Agostini Picture Library (go). **51 Getty Images:** DEA / S. Vannini / De Agostini (u). **52–53 Corbis:** Yann Arthus-Bertrand. **54 Theban Mapping Project:** Francis Dzikowski (u). **55 Corbis:** Gianni Dagli Orti (gol). **Getty Images:** Barry Iverson (ur). **56 Alamy Images:** Rob Cole Photography (gol). **Getty Images:** Kenneth Garrett / National Geographic (um). **56–57 Corbis:** Jim Zuckerman (u). **57 Alamy Images:** The Print Collector (gol). **Corbis:** Sandro Vannini (o). **58 Alamy Images:** Stefano Ravera (ul); Mike P. Shepherd (gol). **59 Alamy Images:** Jim Henderson (gol). **Corbis:** Gianni Dagli Orti (ur); Sandro Vannini (ul). **60–61 Corbis:** Roger Wood. **62 Getty Images:** Robert Harding (l). **63 Corbis:** DEA / G. Sioen (r) / De Agostini Picture Library (gol); Andrea Thompson Photography / Photolibrary (um). **64 Dorling Kindersley:** The Trustees of the British Museum (gom). **Getty Images:** DEA / G. Dagli Orti / De Agostini Picture Library (ul). **64–65 Getty Images:** DEA / S. Vannini / De Agostini. **65 Dorling Kindersley:** The Trustees of the British Museum (um). **Getty Images:** DEA / G. Dagli Orti / De Agostini Picture Library (gor). **66 Corbis:** Egyptian 18th Dynasty / The Bridgeman Art Library (ul); Egyptian / The Bridgeman Art Library (go). **66–67 Corbis:** Sandro Vannini (um). **67 Corbis:** 1996–98 AccuSoft Inc., All right / Robert Harding World Imagery (gom); Sandro Vannini (gor); Robert Harding World Imagery (u). **68 Corbis:** Cris Bouroncle / AFP (u). **69 Corbis:** The Gallery Collection (u). **Getty Images:** DEA / G. Sioen (gor). **70 Alamy Images:** Jim Henderson (u). **Corbis:** Michele Burgess (u). **Getty Images:** Reinhard Dirscherl / WaterFrame (u). **71 The Trustees of the British Museum:** (m). **Corbis:** Lee Snider / Photo Images (r). **72–73 Getty Images:** Stuart Dee / Photographer's Choice RF. **74 Corbis:** Werner Forman / Werner Forman Archive. **75 Dorling Kindersley:** The Trustees of the British Museum (r). **76 Corbis:** Sandro Vannini (u). **Dorling Kindersley:** The Trustees of the British Museum (ur). **77 akg-images:** DEA / G. Dagli Orti (ul). **Corbis:** Gianni Dagli Orti (mr). **78–79 Dorling Kindersley:** The Trustees of the British Museum (m). **79 Getty Images:** DEA / G. Dagli Orti / De Agostini (mr); Egyptian / The Bridgeman Art Library (um). **80 Corbis:** Alfredo Dagli Orti / The Art Archive (ul). **80–81 Getty Images:** Leemage / Universal Images Group (u). **82 Corbis:** Gianni Dagli Orti (ur). **83 Corbis:** Gianni Dagli Orti (l). **84 The Bridgeman Art Library:** Brooklyn Museum of Art, New York, USA (gol). **Getty Images:** S. Vannini / De Agostini (ur). **84–85 The Art Archive:** Musée du Louvre Paris / Gianni Dagli Orti (um). **85 Getty Images:** SuperStock (ur). **86 Corbis:** Gianni Dagli Orti (gol). **86–87 Getty Images:** DEA / G. Dagli Orti (u). **86–87 Getty Images:** Egyptian / The Bridgeman Art Library (gom). **87 Dorling Kindersley:** The Trustees of the British Museum (r). **Getty Images:** P Eoche / StockImage (ul). **88–89 Corbis:** Sandro Vannini. **90 Corbis:** Sandro Vannini (ur). **Getty Images:** Universal Images Group (ul). **90–91 Getty Images:** JD Dallet / Age fotostock (gom). **91 akg-images:** DEA / G. Dagli Orti (um); Erich Lessing (gor). **92 akg-images:** Erich Lessing (gol). **Dorling Kindersley:** The Trustees of the British Museum (m). **92–93 akg-images:** DEA / S Vannini (gom). **93 Dorling Kindersley:** The Trustees of the British Museum (r). **94 The Trustees of the British Museum:** (gom). **Getty Images:** DEA / De Agostini Picture Library (l). **94–95 The Bridgeman Art Library:** Ancient Art and Architecture Collection Ltd. (um). **95 Corbis:** Sandro Vannini (ur). **Getty Images:** DEA Picture Library / De Agostini Picture Library (gol). **96–97 Dorling Kindersley:** The Trustees of the British Museum. **98 Getty Images:** DEA / C. Sappa / De Agostini Picture Library (u). **99 Getty Images:** Stephen Studd / Photographer's Choice RF (go). **100 Getty Images:** Michelle McMahon / Flickr (ul). **100–101 Alamy Images:** Jim Henderson (gom). **Getty Images:** Daniela Dirscherl / WaterFrame (um). **102 Corbis:** Paul Almasy (u). **102–103 Getty Images:** Pete Ridge / Photographer's Choice (um). **103 Alamy Images:** Jim Henderson (gom). **Getty Images:** Travel Ink / Gallo Images (u). **104 Alamy Images:** Stuart Crump (gol); Mike P. Shepherd (ur). **104–105 Getty Images:** Reinhard Dirscherl / WaterFrame (gom). **105 Alamy Images:** Jim Henderson (u). **Getty Images:** Petr Svarc / Photolibrary (ur). **106 The Trustees of the British Museum:** (m). **107 Dorling Kindersley:** The Trustees of the British Museum (gol, gor, um). **108 Dorling Kindersley:** The Trustees of the British Museum (um). **108–109 Dorling Kindersley:** The Trustees of the British Museum (gom). **109 Corbis:** Roger Wood (u). **110 Dorling Kindersley:** The Trustees of the British Museum (gom). **110–111 Getty Images:** Matt Champlin / Flickr. **112 Getty Images:** Leemage / Universal Images Group. **113 Getty Images:** DEA / G. Dagli Orti / De Agostini Picture Library (um). **114 Corbis:** Egyptian / The Bridgeman Art Library (u). **115 Dorling Kindersley:** The Trustees of the British Museum (ml). **Getty Images:** DEA / G. Dagli Orti / De Agostini (gol); Robert Harding World Imagery (u). **116 Dorling Kindersley:** The Trustees of the British Museum (ul). **116–117 Dorling Kindersley:** The Trustees of the British Museum (u). **117 Dorling Kindersley:** The Trustees of the British Museum (ur, gol, gom). **118 The Trustees of the British Museum:** (gom, m, um). **119 Corbis:** Sandro Vannini. **120 Dorling Kindersley:** The Trustees of the British Museum (ur). **121 The Trustees of the British Museum:** (m). **Dorling Kindersley:** The Trustees of the British Museum (u); The Manchester Museum, University of Manchester (gor). **122 Dorling Kindersley:** The Trustees of the British Museum (gor). **Getty Images:** DEA / G. Dagli Orti (ur). **122–123 Dorling Kindersley:** The Trustees of the British Museum (u). **123 Dorling Kindersley:** The Trustees of the British Museum (gol, m). **124 Dorling Kindersley:** The Trustees of the British Museum (ur). **124–125 Dorling Kindersley:** The Trustees of the British Museum (u). **125 Dorling Kindersley:** The Trustees of the British Museum (u). **126 Getty Images:** Robert Harding World Imagery (ul). **127 The Trustees of the British Museum:** (gom). **Dorling Kindersley:** The Trustees of the British Museum (um, r). **128 Getty Images:** DEA / G. Dagli Orti / De Agostini Picture Library (u). **129 Dorling Kindersley:** The Trustees of the British Museum (go, ur, ul). **130–131 Getty Images:** DEA / A. Jemolo / De Agostini Picture Library. **132 Getty Images:** DEA / G. Dagli Orti / De Agostini Picture Library (u). **133 Dorling Kindersley:** The Trustees of the British Museum (m). **Getty Images:** Science & Society Picture Library (um). **134 The Trustees of the British Museum:** (ul). **Getty Images:** Marwan Naamani / AFP (ur). **135 Dorling Kindersley:** The Trustees of the British Museum (gol, b). **136 The Trustees of the British Museum:** (um, r). **137 The Trustees of the British Museum:** (ml, ul). **Dorling Kindersley:** The Trustees of the British Museum (r). **138 Dorling Kindersley:** The Trustees of the British Museum (ml, ur). **139 The Bridgeman Art Library:** Louvre, Paris, Frankreich / Giraudon (mru). **Dorling Kindersley:** The Trustees of the British Museum (go); Ashmolean Museum, Oxford (um). **140 Getty Images:** DEA / A. Jemolo / De Agostini Picture Library (u). **140–141 Dorling Kindersley:** The Trustees of the British Museum (um). **141 Dorling Kindersley:** The Trustees of the British Museum (ur, gol, gom, gor). **142–143 Corbis:** Frederic Soltan / Sygma

Umschlag: *vorn:* **Alamy Images:** Holger Leue / Look Die Bildagentur Der Fotografen GmbH, c. **Dorling Kindersley:** Ashmolean Museum, Oxford, gol, ul / (Ring), mru, Judith Miller / Wallis and Wallis, gol / (Fayence-Pektorale), mlo / (Textilkamm), gol / (Skarabäus), ur, um, mlu, Cairo Museum, go / (Kopf), Science Museum, London, mo, ul / (Boot), mro. **Shutterstock:** ul, gogr, gogl; *hinten:* **Dorling Kindersley:** Science Museum, London, ml

Alle anderen Abbildungen
© Dorling Kindersley

Weitere Informationen unter
www.dkimages.com